KARL GÖTZ · DER GOLDENE MORGEN

KARL GÖTZ

DER GOLDENE MORGEN

HEITERE GESCHICHTEN
AUS EINER ARMEN KINDHEIT

STIEGLITZ-VERLAG · E. HÄNDLE
MÜHLACKER

Umschlagentwurf: Christoph Albrecht

ISBN 3-7987-0108-3
7. Auflage - 1974

Druck: K. Elser, Mühlacker

I.

DAS TAL DER KINDHEIT

Der Ort meiner Kindheit ist eine Fabrikstadt, und doch ist er das reinste Paradies. Die Stadt liegt nämlich in einem schönen Tal, durch das ein kleiner Fluß fließt, in dem es zu meiner Kinderzeit noch Weißfische und Wasserhühner genug gab, an dessen Ufern noch Binsen und Rohrkolben wuchsen und zu dessen Seiten es in den Wiesen im Sommer in allen Farben zusammenblühte. Die Straßen zu beiden Seiten des Tales ziehen sich am Fluß der Albberge hin, die mit Wald oder Schafweiden, hier weich gewellt und sanft, dort steil und felsig aus dem Talgrund steigen.

Wo von Osten und Westen her Seitentäler hereinkommen, Trockentäler, in denen nur Wasser fließt, wenn der Schnee schmilzt oder wenn es in Strömen regnet, ist das Tal weiter geworden. Dort ist die Stadt gewachsen, am Fuß des Schloßbergs, der sich, nach drei Seiten steil abfallend, von Westen her bis fast an den Fluß schiebt. Er steigt schwindelig steil auf, mit Felsen und Zacken, zwischen denen da und dort ein paar Blütenbüsche wachsen. Die schiefen Häuser und die putzigen, verwinkelten und verbauten Häuslein der Hinteren Gasse lehnen sich nebeneinander und übereinander mit ihrem Rücken an den Felsberg an.

Gleich vor der Hinteren Gasse zieht sich die lange Hauptstraße hinunter. Sie ist das Herz und das Kernstück der Stadt, auch heute noch, nachdem diese Stadt längst talauf, talab und in alle Seitentäler hinaus, an allen Hängen hinauf und darüber hinüber gewachsen ist. Die Stadt heißt Heidenheim, und das Schloß auf dem hohen Felsberg heißt der Hellenstein. Wenn man von der Hauptstraße aus hinaufschaut auf seine schweren hohen Mauern, Bastionen, Rundtürme und den hohen Giebel des Kornhauses, muß man den Kopf schon weit zurücklegen.

Das Köstlichste an diesem Schloß, das man seiner schweren Wuchtigkeit wegen eher eine Burg heißen sollte, ist eine hohe, steile Bastei, von der aus man weit talauf und talab und über die Stadt und bis zu den Waldbergen im Osten hin sieht. Gut, daß die meterdicken Mauern brusthoch sind, es müßte einem schwindeln, wenn man über die Felsen hinunter auf die Dächer der Hinteren Gasse schauen könnte. Auf dem so umfriedeten Platz der Bastei standen früher ein paar Zwetschgenbäume; ihretwegen heißt dieser Platz auch heute noch das Zwetschgengärtle. An diesem Zwetschgengärtle hängt jung und alt in der Stadt, denn das ist, wie sich denken läßt, ein Platz für Liebende, so hoch über der Stadt und so nahe am Himmel.

Die Stadt war jahrhundertlang im Land ihrer Schafzucht und ihres Leinenhandels wegen bekannt gewesen. Wolle und Lein hatten Spinnen und Weben, Garnsieden und Bleichen mit sich gebracht. Bohnerze im Boden hatten Eisenwerke nach sich gezogen, aber der letzte Hochofen in der Stadt erlosch schon anno 1819. Auch das Papiermachen hat aufgehört, dafür kam anderes. Bald lag an der Brenz, womit nun auch der Name des fleißigen Flüßleins verraten ist, Fabrik neben Fabrik. Langgestreckte, große Hallen mit Glasdächern neben altem Winkelbauwerk, neben vielerlei Umbauten und Ausbauten. Denn in unserem Tal sind die Werkstätten zu Fabriken geworden. Das ganze Tal ist jetzt eine einzige große Werkstatt. Hinter den roten und grauen und schwarzen Fabrikmauern, hinter den hellen, hohen Fassaden mit Hunderten von glitzernden Fenstern darin, zwischen Schornsteinen und Laufkranen, zwischen Dampfwolken und Rauchfahnen, zwischen den rot aufsprühenden Feuern und den grünen Lichtergarben liegen tausend

Geheimnisse. Da machen sie die gewaltigsten Papiermaschinen und Turbinen für die größten Flüsse und Wasserfälle der Welt, Teppiche aus Kamelhaaren und Schafwolle. Sie machen bunte Stoffe nach dem Geschmack der Leute in den vielerlei Ländern, sie machen Verbandstoffe für die Wunden der Menschen und Zement für ihre Bauwerke, sie machen Zigarren für die Männer und Spielwaren für die Kinder aller Völkerschaften. In diesem fleißigen Tal haben ein Schlossermeister und ein Webermeister, ein Messinggießer und eine gelähmte, freundliche Frau Werke von Weltruf angefangen, zu denen dann eins ums andere gekommen ist. Sinnieren und Probieren, Rechnen und Planen, der Schweiß Unzähliger und unzählige schlaflose Sorgen- und Erfindernächte sind da drunten zu Räderwerk und zu Maschinen geworden.

Die Brenz war zu meiner Kinderzeit ein Grenzfluß, wenn an den Brenztalbrücken natürlich auch keine Posten standen, die Ausweise sehen wollten. Aber von der Hinteren Gasse am Schloßberg bis zum Fluß hin lag die alte Stadt, um die einmal eine Mauer gegangen war. Dort wohnten die Geschäfts- und Bürgersleute. Dort waren alle größeren Geschäfte und natürlich auch alle Ämter, auch die Kirchen und Schulen. Drüben über dem Fluß, bis an die Waldberge hin wohnten die Arbeiter, die Fabrikler, wie man sie zu jener Zeit hieß.

Es gibt in der Stadt eine große Stoffdruckerei, aus der die Mädchen und Frauen der halben Welt schon seit weit über hundert Jahren Kleider, Blusen und Schürzen auf dem Leib tragen. Sie läuft bis zum heutigen Tag unter dem alten Namen einer Württembergischen Cattunmanufaktur, so daß man zu jeder Zeit in der ganzen Gegend nicht anders als von der Manufaktur gesprochen hat.

Diese Manufaktur hat schon vor über einem Menschenleben für ihre Arbeiter einen ganzen Stadtteil an den Waldberg gebaut, schöne Ein- und Zweifamilienhäuser mit Vor- und Gemüsegärtchen, eine freundliche Gartenstadt wie aus einem Bilderbuch heraus. Zu jeder Wohnung hat auch ein kleiner Hofplatz gehört, ein Höfle, auf dem man sein Holz machen und am Zaun entlang aufsetzen konnte. Jede Familie hatte ihren eigenen Hof und ihre eigene Haustür.

Der verdienstvolle Mann, der diese Gartensiedlung in einer Zeit der Mietskasernen und Arbeiterarmuteien geplant hat, muß die Menschen gut gekannt und gewußt haben, daß zwei Hauseingänge sehr dem Frieden unter ihnen zu dienen vermögen.

Da zur gleichen Zeit in der dortigen Gegend im Osten der Stadt ein zweiter sauberer Stadtteil entstanden ist, nüchterner, auch mit größeren Häusern darin, kamen über Nacht, wie dies so geht, zwei Namen auf, die sich gehalten haben bis zum heutigen Tag. Man hieß die Manufaktursiedlung nur das China-Viertel, die andere, durch einen breiten Streifen von Äckern und Wiesen davon getrennt und seinerzeit nur durch zwei Feldwege damit verbunden, das Japan-Viertel. Es liegt auf der Hand, daß aus den beiden Bezeichnungen bald einfach China und Japan wurde. Von Chinesen und Japanern hat aber niemals jemand gesprochen, dafür von den Fabriklern nicht etwa in, sondern im China und im Japan. Wenn diese wiederum die Hauptstraße und ihr altes Drum und Dran meinten, sprachen sie nur von der Stadt. Vom Chinaviertel in die Stadt hinein war es eine gute halbe Stunde Wegs. Die Leute in der Stadt waren nicht nur die Bürger und Geschäftsleute, das waren im großen und ganzen auch die Altangesessenen, die Einheimischen, die eigentlichen Heidenheimer, die einander kannten und die, so oder so, auch miteinander verwandt waren.

Von all diesen Dingen bräuchte hier nicht die Rede zu sein, wenn nicht die Fabriken ebenso zu meiner Jugend gehört hätten wie die Schafweiden und Wälder, und wenn sich meine Kindheit nicht zum Teil unter dem Hellenstein und zum Teil im China-Viertel, also diesseits und jenseits der Brenz, abgespielt hätte, so wie sich mein ferneres Leben diesseits und jenseits der großen Grenzen und der Meere abgespielt hat.

Nach Feierabend fuhren zu unserer Bubenzeit die

Züge, wie auch heute noch talauf und talab. Sie waren voll bis zum letzten Wagenwinkel, und die jungen Burschen saßen nicht selten noch auf den Trittbrettern. Auf den Straßen wuselten lange, dunkle Menschenzüge dahin. Vorweg die jungen Mädchen, lachend und schwatzend. Dann die Frauen, die es eilig hatten, in ihre Haushaltungen und an ihre Kochherde zu kommen. Auch die Männer eilten, gemessener zwar und mit schweren, ausholenden Schritten heimwärts. Es wartete auf jeden noch sein Feierabendgeschäft. Der Stall, der Garten oder der Kartoffelacker, der brüchige Gartenzaun oder der Holzstoß. Vielleicht war Holztag. Oder war Beerenzeit. Oder war das Fahrrad zu flicken oder auf den Glanz herzurichten. Vielleicht war auch einer beim Grundausheben für ein neues Haus oder schon beim Dachdecken.

Kaum waren die ersten aus den Fabriktoren heraus, dann hub auch schon in der ganzen Stadt ein fröhliches Klingeln an. Die Radfahrer kamen! Bald klingelte es das ganze Tal hinauf und hinunter. Von den Jungen saß manch einer tief vornübergebeugt und trat wild auf die Pedale. Er wollte noch beizeit auf den Fußballplatz kommen.

Fabriktal sagen sie so im Land herum. Ich aber sage: Wundertal! Denn reicht nicht der Wald, von den vielgestaltigen Berghängen heruntersteigend, bis an die Fabrikmauern hin? Und wenn man eine

Weile durch den Wald geht, den Berg hinauf, auf der Höhe hin, wieder ein Stück weit hinunter, dann hört und sieht man nichts mehr von der Stadt. Dann wird das Moospolster tief. An den alten Tannen hängen graue Flechtenbärte. Aus den jungen Tannenschonungen klickert ein winziges Bächlein heraus. Am Hang auf der anderen Seite steht lichter, grüner Buchenwald, in dem die Sonnenkringel spielen. Und vor dem Wald liegt die Schafweide. Der Thymian duftet und die Gänseblümchen stechen aus dem kurzen, weichen Rasen. Um die Wacholderbüsche fliegen die Bläulinge. Die Grashüpfer springen übermütig in die Kreuz und in die Quer und am Abend fangen die Grillen zu zirpen an. Das wissen die alle nicht, die das Tal meiner Kindheit nicht rühmen wollen.

II.

DIE GROSSELTERN

Dem Vater starben seine Eltern schon sehr früh weg, so daß wir von ihnen nur wenig wissen. Es waren arme Webers- und Taglöhnersleute. Sie wohnten in Mergelstetten im Oberdorf an der Steige in einem winzigen Häuschen, das so nahe an den Berg gebaut war, daß die hintere Tür nach innen aufging. Es ging dann über unzählige Stufen steil den steinigen Hang hinauf. An diesem Berg hatte Vaters Mutter auf etlichen Dutzend Terrassen ihren Kraut- und Beerengarten angelegt, in den sie den Mist in einer Holzbütte hinauftragen mußte wie die Weingärtner.

Das Häuschen selber sehe ich noch genau vor mir. Es war auf meinen Dot, meinen Taufpaten also, den ältesten Bruder des Vaters, übergegangen. Er war ein Fabrikweber, ein rauher Mann mit einem großen, rötlichen Vollbart. In seiner Jugend war er noch den ganzen Tag und die halbe Nacht an dem alten, laut klappernden Webstuhl in der dunklen Donk gesessen, jenem halb in der Erde liegenden Weberraum, zu dessen niedriger Tür von der Straße her eine kleine Treppe hinunterführte. Wenn den jüngeren Webern in dem großen, hellen Websaal mit den modernen mechanischen Webstühlen ihr Leben manchmal als eine trostlose Schinderei und ihr zehnstündiger Arbeitstag als eine halbe Ewigkeit vorkommen wollte, wenn sie schon am hellen Morgen verdrossen in die Gegend schauten, konnte er zu ihnen sagen: „Was wisset denn ihr vom Schaffen? Da hättet ihr einmal achtzehn Stund in der Donk hocken müssen." Dabei war der Dot ganz gewiß keine von den friedliebenden Naturen, die mit allem und jedem zufrieden sind. Zunächst einmal war er ein Schwabe, von langer Geschlechterkette her. Und von denen hat einer, der es wissen mußte, einer der vier württembergischen Könige nämlich, nach langen Verfassungskämpfen gesagt, die ersten Worte, die sie lernten, bevor sie zu laufen vermöchten, hießen noi und etta, was so viel heißt wie nein und nicht. Der Dot gehörte dazuhin zu jenen besonders kritischen Schwaben, die in jeder Suppe, auch in der besten, noch ein Haar finden. Er hatte einmal einen Holzschlag im Wald, das heißt, daß er alles geschlagene Unterholz in einem jungen

Waldstück, das dem gesunden Wachstum der anderen Bäume im Weg und im Licht gewesen wäre, bei der Versteigerung gekauft hatte, es aber selber herausziehen, aufmachen und heimführen mußte. An einem recht regnerischen und windigen Tag war er schon in aller Herrgottsfrühe hinausgegangen in seinen Schlag. So hatte er schon ein ganz schönes halbes und keineswegs leichtes Tagewerk hinter sich, als ihm seine Frau, seine dritte, meine Tante Bäbe, das Essen hinausbrachte. Sie hatte gedacht: Es ist ja kein Schleckhafen, bei diesem Sauwetter den ganzen Tag im Wald zu stehen und mit Schnaier und Beil draufloszuschlagen, daß die Holzfetzen bloß so fliegen. Und sie wußte, wie ihrer draufschlug, wenn er einmal drin war in der Arbeit. Machst ihm eine Freude, dachte sie, kochst ihm seine Leibspeise, ein Nudelsüpple mit recht viel langen und recht dünnen Nüdela drin. Packst den Hafen in eine Decke hinein, daß du ihn recht heiß hinausbringst, dann wird er ja nichts zu brutteln haben. Dachte sie. Der Marte saß dann nachher auf einem Baumstumpf und löffelte seine Nudelsuppe heraus. Der scharfe Wind blies ihm aber die langen und dünnen Nudeln immer wieder in seinen Vollbart hinein. Da wurde er zornig, narret, wie es bei uns daheim heißt, legte den Löffel neben sich auf den Baumstumpen und sagte: „Alts Rindviech, weißt denn du net, daß i koi Nudelsupp mag, wenn a Wind goht?“ Und damit hat er die bei uns so hoch entwickelte Kunst des Bruttelns auf einen kaum noch überbietbaren Höhepunkt gesteigert.

In der Stube in dem kleinen Haus an der Steige war nicht viel und nichts Besonderes zu bemerken. Auf der vorderen gußeisernen Platte des großen Ofens aus dem Hüttenwerk in Wasseralfingen war das württembergische Wappen zu sehen und darüber waren in erhaben gegossener Schrift vier Buchstaben zu lesen: C.H.Z.W. Später habe ich gelernt, daß dies hieß: Carl, Herzog zu Württemberg, und daß damit jener Herzog Carl Eugen gemeint war, der durch seinen Karlsschüler Friedrich Schiller in die Geschichte der deutschen Literatur eingegangen ist. Der Dot aber sagte jedem, der an dieser Inschrift herummachte, das heiße: Carl hat zwei Weiber. Zu mir sagte er einmal: Ihm werde einmal keiner eine Ofenplatte gießen, er habe ja auch kein Wappen. Heißen müßte es aber bei ihm: Der Marte hatte drei Weiber, eine rechtschaffener als die andere. Ob der auf dem Ofen das von seinen zwei auch habe sagen können, wisse er nicht, er habe sie nicht gekannt. Außerdem habe der seine zwei nicht wie er seine drei hintereinander gehabt, sondern nebeneinanderher, und das sei ein großer Unterschied.

Außer dem Ofen stand ein großer Tisch in der Stube mit einer mit Fegsand weißgescheuerten Platte und Fußleisten zwischen den schräggestellten

Tischbeinen. Er stand in der Ecke, in der die zwei langen Wandbänke zusammenstießen. Die Fenster waren klein und hatten, da das Gemäuer des kleinen Hauses dick und wetterfest war, breite Simse, auf denen die schönsten Geranien standen, die ich je gesehen habe. Vorhänge brauchte es zu solchen Blumenstöcken hin nicht auch noch. Das Denkwürdigste für mich war aber die Falltür im Boden, die man an einem eisernen Ring aufzog und an einem Haken, der an einem Strick von der Decke hing, einhängte, wenn man in den Keller oder von der Stube aus in die Donk hinunter wollte.

In einem der ersten Romane, die ich in meinem Leben las, ich mag so zwölf Jahre alt gewesen sein, kam eine geheimnisvolle Tapetentür auf einem alten Schloß vor, hinter der sich gruselige Dinge abgespielt hatten, und deren geisterhaft langsames und unhörbares Aufgehen man kapitellang befürchten mußte. Damals nahm ich mir vor, auch einen Roman zu schreiben, aber einen viel spannenderen und schöneren. In meinem Roman sollten gleich ein paar Geheimtüren vorkommen. Die erste sollte die Kellerfalle im Stubenboden meiner Tante Bäbe sein.

Die Eltern meiner Mutter, meine lieben Rummlers-Großeltern, habe ich beide noch gut gekannt, den Großvater Philipp Rummler und seine resolute Frau Katharina, eine geborene Dinkelmaier. Sie lebten, solange ich mir denken kann, in Miete im zweiten Stockwerk eines hochgiebeligen alten Hauses, das ziemlich genau an der Mitte der Hauptstraße lag, dem Rathaus gerade gegenüber, also in der allermittelsten Mitte der Stadt. Man kam in dieses Haus von einem schmalen dunklen Gäßchen aus herein, an dessen anderer Seite das Gasthaus zum Weißen Roß stand. Dann ging es eine dunkle, steile und sehr knarzende Holztreppe hinauf, sehr weit hinauf, wie ich als Kind meinte.

Aus der kleinen Wohnung kann ich mich nur noch an die dunkle Wohnstube erinnern, und auch an diese nicht mehr genau. Das Wichtigste darin war Großmutters Nähtisch, der auf einem erhöhten Tritt vor einem der Fenster stand, die gegen die Hauptstraße hinunter gingen. Vor dem Fenster war ein viereckiger verstellbarer Spiegel angebracht, ein sogenannter Spion, so daß man von diesem Fenstersitz aus, ohne den Kopf drehen zu müssen, bequem straßauf, straßab sehen konnte. Und das war bei der Länge unserer Hauptstraße ein ganz schönes Stück Welt. Der Fensterplatz war der Großmutter halbes Leben. Was spielte sich da zu ihren Füßen und unter ihren Augen nicht alles ab!

Sie kannte alle Fuhrwerke, die an den Markttagen von der Alb herunter und das Brenztal herauf kamen. Sie kannte die Pferde und sie kannte vor allem die Fuhrleute. Sie kannte alle Boten und Bötinnen, und sie kannte die meisten Leute in der

Stadt. Und da sie aus einer alten Bürgersfamilie stammte, kannten die Leute auch sie.

Sie konnte am Wochenmarkt genau sagen, wer wieder eingekauft habe wie eine Baronin und über ihre Verhältnisse hinausgegangen sei und bei wem es scheints kaum noch zu Kartoffeln, zu Schnittlauch und Peterling reiche. Daß sie auch sagen konnte, wer schon wieder in einem neuen Fahnen oder Fähnele oder mit einer neuen Schürze daher komme, das lag ja auf der Hand.

Die Großmutter kochte gern und gut. Sie aß auch gern etwas Gutes. Essen und Trinken hält Leib und Seele zusammen, sagte sie oft, aber ihr liebstes Essen war doch ihr Vesper. Jeden Nachmittag, so gegen vier Uhr, holte sie im Weißen Roß ihr Krügle Bier, gut eingeschenkt für acht Pfennig, und dazu aß sie ihren großen genetzten Wecken mit Salz und Kümmel drauf vom Bäcker Huber, bei dem sie knuspriger und röscher waren als bei allen anderen Bäckern in der Stadt.

Nach all dem könnten die Leser ein völlig falsches Bild von meiner lieben Rummlers-Großmutter bekommen. Es ist deshalb höchste Zeit, daß ich Genaueres über sie berichte.

Die Großmutter war eine geborene Dinkelmaier. Darauf war sie stolz bis in ihre letzten Tage hinein, denn die Dinkelmaier kamen schon in den ältesten Büchern und Registern der Stadt vor. Sie hatte daheim, aber auch im Dienst bei noblen Leuten das Kochen und Haushalten aus dem ff gelernt und auch, wie man mit den Leuten reden und umgehen muß, wenn man nicht als eine Trampel und Landpomeranze gelten wollte. Da sie in jungen Jahren, was noch im hohen Alter zu sehen war, ein sauberes Frauenzimmer gewesen sein muß, hatte sie, wie man bei uns daheim sagt, das Grieß bei den jungen Burschen, das heißt also, daß diese sich um sie gerissen hätten, wenn sie sich hätte mitreißen lassen. Sie habe gern getanzt und gelacht, aber bevor einer einmal richtig um ihren molligen Leib habe herumlangen können, habe sie ihn schon wieder vergessen gehabt.

Auch ansonsten war sie ein bißchen ein unruhiger Geist und immer auf Abwechslung bedacht. Sie hatte auch kein rechtes Sitzfleisch, weshalb es sie immer schnell wieder auf eine neue Stelle zog. Bei ihren hellen und schnellen Augen und ihren flinken Gedanken war ihr alles schon nach kurzer Zeit wieder ein Altes.

Die Fabrikler waren für sie in ihrer Jugend ganz fremde Leute, und wenn man ihr gesagt hätte, daß sie einmal einen Fabrikler nehmen werde, dazuhin einen Hergezogenen, so hätte sie sich jedenfalls auf dem Absatz herumgedreht und gesagt, sie wisse, was sie ihrem Stand schuldig sei, sie sei schließlich eine geborene Dinkelmaier.

Aber als die Zigarrenmode immer ärger geworden war, so daß die Zigarrenfabriken tüchtige Fachleute brauchten, war auf einmal der Philipp Rummler in der Stadt aufgetaucht, ein Zigarrenmacher aus Heddesdorf bei Neuwied, der sein Geschäft in den Städten am Rhein gründlich gelernt hatte, ein sauberer Mensch mit einem gepflegten Bart und warmen braunen Augen. Er kam mit leichten Schritten daher und hatte schmale schöne Hände. Dazu redete er in einer schönen Sprache fast ganz nach der Schrift.

Und da ist es eben so gekommen, daß die Katharina Dinkelmaier einen hergezogenen Fabrikler genommen hat.

Sie haben gut miteinander gehaust, wenn sie auch in vielem rechte Gegensätze waren. Dem Großvater hat es zum Beispiel nie gefallen, wenn ihm seine Frau haargenau erzählt hat, was von ihrem Fensterplatz aus wieder alles zu sehen gewesen war. Man müsse die Leute Leute sein und ihren Weg gehen lassen, dann sei am besten mit ihnen auszukommen.

Eines hat das andere aber eben genommen wie es war. Und dann sind ja auch bald die drei Kinder nacheinander gekommen, zwei Mädchen und ein Bub, aus denen später meine Mutter, meine Dote, die Taufpatin, und mein Onkel Karl geworden sind.

III.

GROSSMUTTERS PUPPEN

Es könnte bis hierher so ausgesehen haben, als sei die Großmutter die meiste Zeit am Tag auf ihrem Fensterhochsitz gesessen und habe den Leuten zugeschaut. Keine Rede davon! Sie war eine außerordentlich fleißige Frau, und wenn sie gern nach den Leuten geschaut hat, dann hatte das bei ihr auch einen beruflichen Grund. Sie war nämlich eine Dokkennäherin, das heißt, sie nähte die ganzen Puppen, die Docken, und die Döckla, wie man bei uns daheim sagt. Sie besorgte sich ganze Wollschepper, ganze Vliese also, auch allerlei Lumpen zum Zerreißen und zum Zerfasern. Sie wusch Wolle und Lumpen gründlich, mischte fein gestoßenen Lavendel und Thymian dazwischen, nähte und stopfte die Körper, die Arme, Beine und Köpfe, fügte alles zu einer beweglichen, wohlansehnlichen kräftigen oder zarten Gestalt zusammen, je nachdem, ob das einen

Fuhrmann oder eine Marktfrau, einen Müller oder einen Bauern, ein feines Fräulein oder eine Großmutter, ein kleines Bübchen, ein Schulmädchen oder ein Wickelkind geben sollte. An den Köpfen und Gesichtern stopfte und nähte, drückte und modellierte sie jedesmal am längsten. Die waren ihr ganzer Stolz. Man mußte jede ihrer Puppen kennen. Sie machte sie nämlich alle nach lebendigen Vorbildern. Am besten lagen ihr Männer in den besten Jahren und ältere Frauen. Das kam dem geschäftlichen Erfolg ihres Gewerbes nicht zustatten. Denn die Leute wollten für ihre kleinen Mädchen eben Mädchenpuppen und Bübchen. Die wären mit ihren glatten Milchgesichtern auch hundertmal leichter zu machen gewesen als die Bauern mit ihren Falten und Runzeln oder die Marktweiber mit Zahnlücken und Warzen auf den Nasen. Aber die Großmutter hatte da ihren eigenen Kopf. Sie wollte vor allem ihre Freude an ihrem Geschäft haben. Sie machte ihre Puppen einfach zu ihrem Vergnügen. Nur die kleinen Mädchen und Buben machte sie zum größeren Teil des Verdienstes wegen. Sie fuhr nämlich mit ihrer ganzen Puppenschaft und mit einem kleinen Holzkasten voll süßer, buntfarbiger Zuckerstangen und kleinem Spielkram für Buben und Mädchen auf die Märkte, bis weit ins Bayrische hinein. Schon deshalb war es wichtig, daß sie alle Fuhrleute kannte.

Wenn es auf die Markttage zuging, besonders auf die Herbst- und Weihnachtsmärkte, kam jedesmal eine große Unruhe über sie. Schon tagelang vorher tat sie ihre Marktkleider aus dem Schrank, tagelang vorher mußte der Großvater droben auf der Bühne die Bretter und Latten nachprüfen und den ganzen Marktstand zur Probe aufstellen, damit nachher beim Aufbauen in Lauingen oder Dischingen oder Nördlingen alles richtig zusammenpaßte. Und dort stand sie dann auf dem Martini-, auf dem Gallus-, auf dem Christkindlesmarkt, und da lagen oder saßen, standen oder hingen ihre Puppen, am Abend von flackerndem Kerzenschein umspielt, so daß sie bisweilen zu leben schienen. Und wenn dann die Männer lachten und mit Fingern auf die eine oder die andere deuteten, wenn feine Damen in Pelzen immer nocheinmal vorbeikamen und immer wieder stehen blieben, die Gesichter und die Haare betasteten und über Röcke und Kittel strichen, wenn kleine Mädchen vor Freude und Sehnsucht in die Hände klatschten, dann war die Puppenfrau im Glück, da hätte sie mit keiner Fabrikantenfrau tauschen mögen, auch wenn ihr die Füße vor Kälte wegzufallen drohten, und wenn ihre Finger so steif waren, daß sie die Lederschnur an ihrem Geldbeutel, ihrem Zieh-am-Lederle, kaum noch aufnesteln konnte.

Wenn sie dann wieder daheim war, konnte sie ihre Stube und ihr Bett und auch den Großvater, der alles so gut in Ordnung gehalten und der sich und die Kinder so wohl versorgt hatte, nicht genug loben. Sie konnte dann jedesmal viel erzählen, denn die Marktleute erfuhren schon mehr als die Leute, die nie herauskamen aus ihrem Flecken. Dies versöhnte den Großvater dann allemal wieder mit ihrem unruhigen Wesen.

Da sie bei der Heimkehr jedesmal fast ganz ausverkauft war, mußte sie mit ihrem Schöpfungswerk wieder von vorn anfangen. Der liebe Gott, sagte sie einmal, habe es leichter gehabt. Der habe nur ein einziges Pärle zu machen brauchen und die hätten sich dann ganz von selber weiter vermehrt. Das habe sie bei ihren Docken bis jetzt noch nicht fertig gebracht.

Wenn sie dann allemal wieder eine Puppe fertig hatte, angezogen von den Schuhen und Strümpfen, über alle Unter- und Überröcke, über Mieder und Bluse bis zu dem Kopftuch oder der Sonntagshaube bei den Weibsleuten, alles aufknöpf- und ausziehbar, von den hohen Stiefeln der Männer über die ledernen Kniehosen bis zu den roten Westen und den blauen Bauernhemden, dann drehte sie ihr Werk wohl nach allen Seiten und auf einmal konnte sie, wenn sie mit Gestalt und Gesicht zufrieden war, so von Herzen lachen, daß ihr die Tränen herunterliefen.

Dann war n o c h etwas Bemerkenswertes an

Großmutters Puppen. Nicht nur, daß sie alle reine Handarbeit waren, daß sich nicht e i n e nochmals in der anderen wiederholte, daß jede einzelne also ein Modell im wahrsten Sinne des Wortes war, sie waren alle handsigniert. Die Großmutter stickte nämlich die schön verschlungenen Anfangsbuchstaben ihres Namens, K. R., bei allen Weibspuppen in den unteren Rand des obersten Unterrockes, bei den Männern und Buben auf die linke Brustseite des Hemdes, genau dorthin, wo normalerweise das Herz liegt.

So saß sie viele Stunden am Tag über ihrer Puppennäherei. Manchmal sei sie schon lange vor Tag aufgestanden. Sie habe einfach nicht mehr liegen können, wenn ein Gesicht oder ein Kittel, vielleicht auch ein paar besonders gekrümmte Füße sie bis in den Schlaf hinein verfolgt hätten, wobei man wissen muß, daß bei den Schwaben die Füße bis zu den Hüften reichen.

Und wenn wir schon bei den Hüften sind: Alles habe sich gewundert, wie genau und richtig sie bei ihren Puppen die Männer- und Frauen-, die Buben- und Mädchenhüften getroffen habe, von den vielerlei vorderen weiblichen Oberteilen und den nicht minder mannigfaltigen Hinterseiten ganz zu schweigen.

Manche der Puppen machte die Großmutter auf Bestellung. Manch eine mag zu irgendeinem Schabernack gedient haben, dann war es ihr gerade recht. So viel wir wissen, hat es dabei nur e i n m a l ein Malheur gegeben. Da hat sie einen Metzger in der Stadt so bildgleich nachgemacht, mit Schurz und Kappe, Stiefeln und Wetzstahl, wie man dies nicht für möglich halten sollte. An dem Wetzstahl und an dem ausgestreckten Arm hingen all die Würste, die es in seinem Laden gab. Und auch die waren so täuschend, daß man am liebsten hätte hineinbeißen mögen.

Der besagte Metzger hatte sich nun aber nicht selbst gekauft, obwohl ihm die Großmutter dies nahegelegt hatte, weil sie meinte, die Leute würden sich freuen, wenn sie ihn schon im Schaufenster zwischen Schinken und Würsten würden stehen sehen, noch bevor sie in den Laden kämen, und daß sie dann sicher lieber ein ganzes als nur ein halbes Pfund Fleisch mitnehmen würden, weil man das Geld leichter ausgebe, wenn man gut aufgelegt sei. Von einer solchen Geschäftsförderung wollte dieser Meister aber nichts wissen. Er war verärgert darüber, daß ihn die Rummlerin zur Dock gemacht hatte. Er überlege auch, sagte er zu ihr, ob sich das einer gefallen lassen müsse von so einer.

Das „so einer" ärgerte die Großmutter wieder. Daheim legte sie den Metzger dann in die oberste Kommodschublade, weil dort noch am meisten Platz war. Dann wollte sie sich an ihr Fenster setzen, um noch eine Weile ihren Gedanken nachzugehen. Unser Herrgott hat allerlei Kostgänger. Zu den schlimmsten gehörten aber für sie doch diejenigen, die keinen Spaß vertrugen. Noch bevor sie an ihrem Fenstertritt war, kehrte sie wieder um, zog die Schublade nochmals auf, nahm den Metzger von den schönen jungen Mädchen weg, zwischen denen er da gelegen wäre und stopfte ihn noch in die unterste Schublade zu den alten zahnlucketen Marktfrauen und Botenweibern, obwohl dort fast kein Platz mehr war. Machte aber gar nichts, wenn ihm das dicke bayrische Meerrettichweib ihren viereckigen Buckelkorb mit dem spitzigsten Eck in seinen Bauch hineindrückte!

Da sich die Großmutter nicht so leicht ins Bockshorn jagen ließ und da ihr, kaum daß sie sich ausgeärgert hatte, die Spitzbübereien schon wieder aus den Augen schauten, kam der Metzger doch noch in ein Schaufenster hinein, wenn auch nicht in sein eigenes. Als nämlich eine Bäckersfrau eine Dock für ihr Patenkind wollte, zeigte ihr die Großmutter auch den Metzger. Sie wußte, daß dieser vor Jahren der Bäckerin lieber gewesen wäre als ihr Bäck. Aber es war halt wie oft im Leben anders gegangen, wegen dem Geschäft und wegen der Verwandtschaft. Als die Frau nun den Metzger da auf dem Tisch stehen sah, wie er leibte und lebte, nahm sie ihn in die Hand, setzte ihm seine Kappe richtig auf, rückte den Schurz zurecht, klopfte ihm auf den Hosenboden, als wolle sie diesen ausstauben und sagte: „Er ist schon ein festes und ein sauberes Mannsbild“. Der ihre war ein schmächtiges Männlein, aber tüchtig in seinem Geschäft.

Nun, auch von dem Metzger hieß es, daß er die besten Würste in der ganzen Stadt mache. Die Großmutter sagte: „Wie wärs, wenn Ihr den Metzger ins Weckfenster tätet und ein Schildle dazu, worauf stehen sollte: ‚Zum besten Brot die besten Würst, dann hast auch du es wie ein Fürst!‘

Ich tät Euch den Metzger gern ein paar Wochen ausborgen. Ihr würdet sehen, daß das die Leute an Euer Fenster ziehen würde, wie das Licht die Mücken an die Lampe zieht. Und ein mancher würde dann den Lauf in Euren Laden hinein finden.“

Das leuchtete der Bäckersfrau ein, und sie nahm den Metzger schon auch noch aus einem anderen Grunde gern mit. Das Schildchen war schnell besorgt, und so blieben die Leute schon am nächsten Tag vor dem kleinen Ladenfenster stehen und lachten, und bis zum Abend wußte es auch der Metzger, daß er nun doch in einem Schaufenster stand.

War doch ein Malefizweibsbild, die Rummlerin! Wollte er sich nicht zum Gespött machen, so mußte er sein Ebenbild grad stehen lassen zwischen den Wecken und den Brotlaiben. Daß alle lesen konnten, daß er die besten Würste in der Stadt mache, war nicht schlecht.

Und wenn ihn die Lina in ihr Fenster gestellt hatte, mußte er doch noch etwas bei ihr gelten. Und das Ganze war schließlich ein Grund dazu, daß er in den nächsten Tagen selber einmal wieder in den Bäckerladen hineinging. So fand er sich schließlich nicht einmal ungern mit der Spitzbüberei der Dokkennäherin ab.

Was die Großmutter nun freilich nicht hatte wissen können, sonst hätte sie ihren Streich vielleicht bleiben lassen, war, daß die Metzgersfrau gegen die Bäckerin eiferte. Sie machte ihrem Mann die Hölle heiß. I h r Mann gehöre in i h r Schaufenster und nicht in das einer anderen. Und sie verlange, daß er sich noch an diesem Abend aus diesem Fenster heraushole und sich hintue, wo er hingehöre.

Nun, der Metzger war Manns genug, ihr den Kopf zurechtzusetzen; und da der schmächtige, aber gescheite Bäcker den Nutzen, den er von dem Gast in seinem Fenster hatte, über die Eifersucht stellte, die vielleicht auch in seinem Herzen ein wenig flakkerte, blieb der Metzger noch bis 14 Tage vor Weihnachten zwischen Schwarz- und Weißbrot, zwischen Laugenbrezeln und Salzwecken stehen. Die Bäckersfrau staubte ihn jedesmal, wenn sie ihr Fenster richtete, mit großer Sorgfalt, die fast wie Liebe aussah, ab. Dann holte ihn die Großmutter. Zwischen all die

Kuchen und süßen Sachen, zwischen Lebkuchen, Zimtsterne, Springerle und Ausstecherle und was da jetzt alles ins Fenster kam, hätte er mit seinen Würsten ohnehin nicht mehr gepaßt. Dazuhin war der Metzger schon zweimal bei ihr im Haus gewesen. Es komme ihm auf ein paar Mark hin oder her gewiß nicht an. Er wolle sich seiner Frau zu Weihnachten schenken.

Ungefähr dreißig Jahre später war ich in Argentinien. Als ich nach Buenos Aires kam, fand ich dort einen Brief vor von einer Frau, die mir schrieb, sie habe in der Zeitung gelesen, daß ich im Lande sei und im Theatro Colon einen Vortrag halten wolle. Ich müsse unbedingt zu ihr zum Abendessen kommen, sie habe mich nämlich schon als kleines Büble an der Hand gehabt und mir oftmals ein süßes Stückle über den Ladentisch hinüber gegeben; sie stamme nämlich aus der Bäckerei Klopfer in der Hauptstraße in Heidenheim, fast neben Ebles Haus, in dem meine Großeltern gewohnt hätten; und überdies gebe es zum Abendessen Spätzla. Ich konnte noch telefonieren, daß ich gerne käme, daß es mir aber lieber wäre, wenn sie, falls dies ohne große Umstände noch zu machen sei, etwas anderes kochen könnte. Denn ich war zum Mittagessen bei einem Landsmann eingeladen, einem Feuerbacher, der dort die großen Boschwerke vertrat, und bei ihm gab es, wie ich wußte, Spätzla. Es war ein Samstag, und auf nachmittags vier Uhr hatte der Schwabenverein dieser großen Stadt am La-Platafluß mir zuliebe in sein schönes Vereinshaus zu einem Spätzlesessen eingeladen. Und dreimal am Tag diese Dinger, das wird dem stärksten Schwaben zu viel.

Es wurde ein schöner Abend. Auf dem Tisch lagen vielerlei heimatliche Erinnerungen: Bilder, gepreßte Blumen, darunter Märzenblümchen und die seltene Orlaya, eine Strahlendolde, die an den steilsten Felsen unseres Schloßberges wächst, ein Tropfstein aus der Charlottenhöhle, ein paar Schnecken aus dem Steinheimer Sand und dergleichen mehr. Und dann sagte die Frau — und dabei hatte sie die Hände geheimnisvoll auf dem Rücken —, sie habe noch etwas, ich dürfe sie aber nicht auslachen. Sie habe noch eine Puppe aus ihrer Kinderzeit. Ihre Eltern und auch andere Leute hätten oft gesagt, das sei sie selber, so wie sie eben als Kind ausgesehen habe und angezogen gewesen sei. Und da hielt sie mir ihre Puppe hin. Ich nahm sie in die Hand, strich ihr übers Haar, — das seien echte Haare, ihre eigenen sogar; ich rieb die Seide der Schürze zwischen Daumen und Zeigefinger, — genau solche Schürzen habe sie immer gehabt; ich hielt die eine Hand hoch und sah das Ringlein am Ringfinger an, — das gleiche habe sie gehabt, sie habe es heute noch; dann hob ich, was sich ja gewiß nicht schickt, das Röckchen ein wenig,

— so weite und so schwere Röcke habe man damals getragen; ich zog den blütenweißen, spitzenbesetzten obersten Unterrock ein wenig hervor, — solch schöne Unterröcke hätten natürlich nicht alle Mädchen gehabt, aber drei oder vier, das sei Mode gewesen; dann sah ich lange auf zwei rotseidene Buchstaben, — man habe früher gern überall ein Monogramm hineingestickt, das sei aber nicht das ihre.

Nein, sagte ich, aber das meiner Großmutter Katharina Rummler aus der Hauptstraße in Heidenheim, fast neben der Bäckerei Klopfer, der Puppennäherin, die auch dieses Püppchen mit allen Gliedern, mit seinem seidenen Schurz, mit seinem Röckle und allen seinen Unterröckchen, mit Haut und Haar und mit seinem lieben Gesichtchen gemacht habe.

Was nun folgte, möchte ich lieber nicht erzählen, denn die schönsten Dinge kann man doch nicht richtig sagen.

IV.

TANTE ERNESTINE

Daran, daß es mit der Verwischung der Grenze zwischen Bürgersleuten und Fabriklern in unserer Verwandtschaft langsamer gegangen ist als es vernünftigerweise hätte gehen können, war zu einem großen Teil Tante Ernestine schuld. Sie war nur weitläufig mit uns verwandt, aber ich glaube, die halbe Stadt sagte Tante Ernestine zu ihr.

Wir nannten sie, wenn sie es nicht hören konnte, nur die Tante Stand. Eines ihrer liebsten Worte war nämlich das Wort Stand. Oft konnte man von ihr hören: „Das schickt sich nicht für unseren Stand", oder: „Du solltest nicht vergessen, in welchen Stand du gehörst." Ich soll einmal — noch nicht fünf Jahre alt — gesagt haben: „Die Großmutter weiß gut, in welchen Stand sie gehört. Er hat ein schönes Dach mit Tuch darauf." Darauf habe Tante Ernestine aber streng gesagt: „Halts Maul, von solchen Dingen verstehst du noch nichts."

Dieser Verweis machte sie für mich nicht anziehender. Sie war mager und hoch gewachsen. Ihre schwarzseidene Bluse war oben mit einem Kragen abgeschlossen, der sich, durch Fischstäbchen versteift, hoch und eng um ihren dünnen Hals legte, so daß sie den Kopf sehr stellte. Der steife Kragen war an seinem oberen Rand mit einem Band kleiner weißer Perlen eingefaßt. Darüber kam dann vorne ein schmales, vorstehendes Kinn, ein dünner zugekniffener Mund und eine spitze Nase, hinten ein Haarnest, voll mit schwarzen Haarnadeln, und über allem saß ein kleines Hütchen, das durch ein unter dem Kinn zur Schleife geschlungenes Band festgehalten wurde. Es hieß von Tante Ernestine, sie habe noch nie einen Fuß auf das Land östlich der Brenz gesetzt. Man müsse auch noch wissen, wo man hingehöre.

Sie wohnte in einem der schmalsten Häuschen in der Hauptstraße, ganz oben unter dem Dach, in zwei kleinen Stübchen, in denen sie sich fast bücken mußte. Ich habe den Großvater einmal sagen hören, sie lasse ihr Kapotthütchen sicher auch im Bett noch auf. Aber man mache sie nicht mehr anders. Man müsse ihr ihren Grattel halt lassen.

Als ich etwas älter wurde, merkte ich, daß das Fischbeinkrägchen an Tante Ernestines Bluse, ihr Hütchen, ihr Blick nach oben nichts mit Vornehmheit und Wohlstand zu tun hatten. Denn wenn es bei der Großmutter Hefenkranz zum Kaffee gab, sagte sie jedesmal: „Gelt, ich esse ein Stückchen weniger, packst mir dafür eines ein. Morgen ist auch wieder ein Tag, und man hätte am liebsten jeden Tag sein Stückle Hefenkranz.“ Die Großmutter packte natürlich nicht nur e i n Stückle ein.

Da die Tante Ernestine noch etliche Häuser hatte, in denen sie solcherweise über hauptsträßlerische Tradition, über Sitte, Brauch und Anstand wachte, hatte sie von solcher Tätigkeit fast ihr Auskommen.

Als ich so weit war, daß mir derlei Dinge auffielen, war es übrigens mit dem Bürgerstolz der Tante Ernestine nicht mehr halb so arg wie in früheren Jahren. Manch herber Schicksalsschlag hat sie im Lauf der Jahrzehnte milder gestimmt.

Zuerst war das mit dem Zigarrenmacher gekommen, wo sie der Großmutter den Christian Huber hatte kuppeln wollen, so daß sie in eine alte Geschäftsfamilie hineingekommen wäre.

Und was hatte sie dann mit den drei Kindern nacheinander zu wehren, zu sorgen und zu mahnen gehabt!

Es sei damals schon so gewesen, daß das freche Kinderkorps nicht nur vom Flügel heraufgekommen sei, von allen Richtungen her seien sie in die Stadt hereingekommen und hätten sich in der Hauptstraße, hinter dem Rathaus und in der Pfluggasse herumgedrückt. Man habe überhaupt nicht mehr gewußt, wo man all die Gesichter hintun müsse.

Die Hauptsorgen für Tante Ernestine kamen aber erst, als die Kinder aus der Schule waren. Die Großeltern hatten die Mina nämlich, gleich als sie mit der Mittelschule fertig war, auf die Manufaktur gehen lassen, in die Fabrik also! Diesen Entschluß hatte die Mina übrigens ganz allein gefaßt. Sie hatte damals schon ihren eigenen Kopf, und in diesem Kopf hatte sie sich eines Tages überlegt, daß, wo der Vater nun invalidiert sei und wo die Mutter nicht mehr wie früher so auf die Märkte gehen könne, das Einkommen kleiner und die Sorgen für die Eltern größer geworden seien. Da sei es nicht mehr als recht und billig, daß sie nun, wo sie ihre gesunden Glieder habe und kräftig genug sei, verdienen helfe. Hätten doch ihre Leute sie nun auch 15 Jahre lang gut gehalten, genährt, gekleidet und gut schulen lassen. Und, das wußte sie nicht zuletzt von ihrer Schwester: bei Herrschaften im Dienst zu sein, war auch kein Schleckhafen. In der Fabrik hatte man seinen Feierabend und dann war man dort nicht die Einzige, so daß man Launen und Unwillen der Meister oder Vorarbeiter nicht allein schlucken mußte. Dazu wußte jedermann in der Stadt, daß auf der Manufaktur für einen gesorgt war.

Und so hatte sie eines schönen Tages kurzerhand dort um Arbeit gefragt und war als Stofflegerin auch angenommen worden. Von seinem Stand könne man nicht herunterbeißen, habe sie sich gedacht, und Arbeit schände nicht, das habe sie sogar in der Töchterschule gelernt. Ihr gefalle es auf der Manufaktur sehr, sagte sie, und keine zehn Gäule brächten sie aus ihrem Legsaal und von all den schönen Stoffen weg.

Damals war die Tante Ernestine eines Abends gekommen, zu ungewohnter Stunde, mit puterrotem Kopf und hatte aus ihrem Ridicule ihr Häkelzeug ausgepackt. Das war jedesmal das Zeichen für einen langen Besuch. Schon daran, wie sie mit den langen Häkelnadeln klapperte, war zu merken, daß in ihrem Gemüt alles auf schlecht Wetter, wenn nicht gar auf Sturm stand.

Ob sie sich denn nicht schämten, ihr Mädle in die Fabrik zu schicken, habe sie schließlich fast atemlos herausgestoßen.

Der Großvater muß ihr zuerst, nobel wie er war, mit seiner leisen, aber warmen Stimme geantwortat haben. Als sie dann aber zuerst mit ihrem Fingerknöchel, dann mit dem Knopf der einen und zuletzt mit beiden Häkelnadeln gewalttätig und aufgeregt auf den Tisch gepocht und schließlich so laut, daß man es auf der Straße habe hören müssen, gesagt habe, es sei einfach eine Schande, wenn man nicht mehr wisse, wo man hingehöre und wenn Eltern nicht mehr wüßten, was sie ihrem Stand und ihren Kindern schuldig seien, sei der Großvater aufgestanden und habe, immer noch leise, aber mit merklicher Erregung gesagt: „Warum willst du uns eigentlich vorschreiben, wie wirs mit unseren Kindern halten sollen?“

Da sei sie auch aufgestanden und habe mit hochrotem Kopf gesagt: „Warum? Weil ich eine Staudenmaier bin und weil ich weiß, was ich meiner Verwandtschaft schuldig bin und weil mein Onkel Heinrich zwanzig Jahre im Stadtrat war und weil mich der Herr Stadtakziser auf dem Schoß gehabt hat, wie ich noch ein kleines Mädchen war, und weil ich von hier bin und nicht aus Hedders-, Hedden-, Heddesdorf, weiß Gott wo!“

Dann muß ihr die Luft ausgegangen sein. Der Großvater habe sich dann ganz nahe an den Tisch gestellt, ihr gerade gegenüber, habe beide Hände aufgestützt und gesagt: „Mein Heimatort ist nur ein kleines Dorf, das ist wahr, und es wohnen darin sehr arme Leute, viele Weber, wie auch meine Vorfahren es waren. Aber diese Leute sind so rechtschaffen wie die Stadträte und der Stadtakziser von Heidenheim an der Brenz. Und ganz nahe bei unserem Dorf liegt die Stadt Neuwied am Rhein, worin mehr Menschen leben, als hier. In dieser Stadt aber steht ein großes und ein schönes Schloß in einem weiten Park. Darin regieren richtige Fürsten. Mein Vater ist ihnen neben seinem Weberhandwerk her ein treuer Diener gewesen. Ich habe mit dem jungen Herrn oftmals gespielt im Park und in den Sälen im Schloß, und der Prinzessin, seiner Schwester, habe ich oft Äpfel vom Baum und Heckenrosen vom Gebüsch geholt, habe ihr die Dornen weggezwickt, damit sie die Rosen hat ins Haar stecken können. Sie ist jetzt eine Königin und dazu eine Dichterin, die Königin von Rumänien, und wenn du manchmal in eine Zeitung hineinschauen würdest, hättest du ihren berühmten Namen schon hundertmal gelesen. Sie hat mich oft an der Hand genommen, wenn wir miteinander durch den Park gegangen sind, und der Fürst hat mich nicht nur einmal auf den Knien gehabt.

Aber man sollte über solche Dinge ganz stille sein. Es paßt sich nicht, daß man darüber redet, und für dich wäre es jetzt gut, wenn du dein Häkelzeug einpacken würdest, damit du noch zu einer ganzen Nacht kommst. Gute Nacht."

Er habe sich umgedreht und sei in die Schlafkammer gegangen. Die Tante Ernestine habe ihm nachgerufen: „Das ist der Dank, wo ichs bloß gut meine mit euch!"

Nachdem sie tief Luft geholt hatte, machte sie weiter: Natürlich zahlten sie in den Fabriken mehr, das sei aber Sündengeld. Denn was hülfe es dem Menschen, so er die ganze Welt gewönne und nähme doch Schaden an seiner Seele.

Da war es auch der Großmutter zu viel. Sie sagte: „Die ganze Welt wird das Minele auf der Manufaktur ganz gewiß nicht gewinnen. Und wegen ihrer Seele brauchst du dir keine Sorgen zu machen. Nach deinem Stand wird dich im Himmel einmal keiner fragen."

Damals ist die Tante Ernestine lange nicht mehr ins Haus gekommen und dann nur, wenn es schon dunkel war. Denn sie schämte sich, wenn die anderen schon kein Schamgefühl mehr hatten.

Das Minele legte ihren ganzen Lohn auf den Tisch, auf Heller und Pfennig, und mit dem, was ihr die Großmutter davon wieder hinschob, war sie zufrieden.

Bei der Großmutter ist mit jedem Jahr mehr von ihrer Voreingenommenheit gegen die Fabrik geschwunden. Nicht zuletzt haben dazu die Faßtage beigetragen, die Tage, an denen die Arbeiter und Arbeiterinnen der Manufaktur von gewissen Stoffen und Stöfflein ein gewisses, gar nicht sehr knapp bemessenes Quantum zu äußerst niedrigem Preis „fassen" konnten. Wann sie auf der Manufaktur fassen durften, das wußte man in der ganzen Verwandtschaft und Freundschaft. Und in dieser Zeit ließen sich auch die eingefleischtesten Hauptsträßler die Verwandtschaft mit den Fabriklern gern gefallen.

Kurz nachdem die Tante Ernestine sich mit den Schätzen der Welt und mit dem Seelenheil der Fabrikler auseinandergesetzt hatte, mußte sie erleben, daß auch der Bub, mein Onkel Karl, auf die Manufaktur kam, aber wenigstens als Graveur. Die Graveure gravierten die vielerlei Muster in die großen metallenen Druckwalzen. Es mußten geschickte und kunstfertige Leute sein, und sie genossen in der Stadt beachtliches Ansehen. Kurz danach hat die Tante Ernestine das mit meiner Mutter, der Rosl, dem Rösle von früher, erleben müssen. Sie hatte immer gemeint, bei der habe ihre Erziehung etwas gefruchtet und die wisse, was sich für eine Hauptsträßlerin schicke. Und nun brachte sie den Schlosser aus Mergelstetten daher, dem nächsten Dorf an der Brenz hinunter, einen aus einem der armseligsten Weberhäuslein im Oberdorf.

Was hatte sie doch mit dieser Verwandtschaft nicht schon alles mitmachen müssen!

Sie hat sich dann aber doch nicht scheniert, zur Hochzeit zu kommen. Es soll ihr sogar recht geschmeckt und sie soll wieder geredet haben, als wäre sie allein am Tisch.

Sie seien alle wie auf Nadeln gesessen. Man habe auch nicht lange zu warten brauchen, bis das Unglück geschehen sei, wenn man's ein Unglück nennen wolle. Sie habe nämlich auf einmal angefangen, den Schlosser, meinen Vater also, zu fragen, ob er eigentlich sein Auskommen habe. Warum nicht? soll er gesagt haben. Ha, er komme ihr halt ein bißchen

DM

14,8o

Karl Götz

Der goldene Morgen

Autor · Titel

ISBN	Einb.	Aufl.	Bd.
3-7987-o1o8-3	Ef.	6.	

Reihe u.ä.

Verlag	Verkehrs-Nr.
Stieglitz - Verlag	1621o

BUCHLAUFKARTE

langsam vor. Langsam? Davon habe außer ihr noch niemand etwas gemerkt. Aber mit ein paar langsamen, festen Händen verdiene man eher sein Brot und auf jeden Fall ehrlicher, als mit einer schnellen, dummen Zunge. Er sei aber ja bloß ein Schlossergeselle? Nun, wenn sie der Geselle scheniere, da könne er sie beruhigen, er sei seit ein paar Tagen Meister für das ganze Schlossergeschäft in der Neubolheimer Spinnerei, wohin sie schon in der nächsten Woche ziehen wollten.

Da sei ihr doch für ein paar Minuten das Maul stehen geblieben. Dann aber habe sie weitergemacht: Sie wolle ja nichts sagen, aber man müsse den Leuten doch Bescheid sagen können, wenn sie einen fragten. Und die Leute erzählten, er habe es vorher schon mit einer anderen gehabt. Warum es denn mit der ausgegangen sei? Die Mutter sei rot geworden und sei aufgestanden, der Großvater habe streng nach ihr hingeschaut, die Großmutter habe die Gabel fallen lassen und die Dote habe schon angefangen: „Du, Tante Ernestine! Jetzt bist aber still!“ Der Vater aber habe in aller Ruhe gesagt: Warum? Die habe so a breites Gsicht gehabt. Ein breites Gesicht? — Ja, habe der Vater gesagt, wenn er der einen Kuß gegeben habe, habe sie noch hüben und drüben herausgeschwätzt.

Von da an hätten wenigstens Vater und Mutter ihre Ruhe vor ihr gehabt.

V.

DER TAUFTAG

Neubolheim war kein Dorf, kein Weiler und kein Hof und lag doch ganz auf dem Land. Es war die an der Brenz zwischen Mergelstetten und Bolheim gelegene große Spinnerei der Mergelstetter Wolldeckenfabrik. Die Fabrikgebäude, das Maschinen- und das Portierhaus lagen dicht an der Brenz, die mit ihrer Wasserkraft seinerzeit die ganzen Fabriken hergezogen hatte. Die Villa der Herrschaft mit ihrem kunstvollen Giebelwerk war durch die Straße und einen Wiesenstreifen von den Fabrikgebäuden getrennt und fast unsichtbar in einem waldartigen Park versteckt. Das Meisterhaus lag auf der gleichen Seite an der Straße. Hinter dem Haus zog sich die Schafweide breit den Berg hinauf, mit Wacholderbüschen und ganzen Thymianhügeln im kurzen Weidegras. Vor dem Haus, zu dem man von der Straße aus über eine etwas steile Staffel hinaufstieg, war ein schmaler, schöner Vorgarten, und da die Eltern zu ebener Erde wohnten, wuchsen ihnen die Rosen fast zu den Fenstern hinein.

Die Mutter hat sich rasch eingewöhnt und einsam und verlassen ist sie sich in dieser Einöde, wie die aus der Stadt sagten, nie vorgekommen. „Wie wirst's auch aushalten da drunten", habe die Großmutter beim Auszug gesagt, „ich könnts nicht, ich brauch meine Hauptstraß." Aber es war nicht halb so schlimm. Hinter dem Haus zog der Schäfer vorbei, mit dem die Mutter jedesmal eine Weile zum Küchenfenster hinaus plauderte. Auf der Straße vor dem Haus war immer Leben, man brauchte nur die Fenster aufzumachen. Sie habe die Fuhrwerke bald schon am Knarren der Räder gekannt. Manches hielt vor dem Haus an, weil sie dem Fuhrmann etwas zu besorgen auftragen mußte, oder weil er etwas von der Großmutter hatte bringen oder ausrichten müssen.

Und dann war an fast jedem Sonntag die Dote aus der Stadt heruntergekommen. Zweimal in der Woche stellte die Dettinger Bötin bei ihr ab und brachte am Morgen das Neueste aus den Dörfern auf der Alb und am Abend das Wichtigste aus der Stadt mit. Dazu, da sie zu den Gemeinschaftsleuten ihres Dorfes gehörte, jedesmal auch rechte christliche Aufmunterung, Ermahnung und guten Zuspruch.

Unter den Bänken vor den beiden großen Tannen vor dem seitlichen Hauseingang saßen vom Frühjahr bis in den Spätherbst hinein die Arbeiter und die Spinnerinnen zum Vesper, wozu ihnen die Mutter das Flaschenbier, die roten Würste und die Wecken verkaufte. Alles kam jeden Tag frisch von Mergelstetten herunter. Deshalb mußte der Vater an jedem Samstagabend seinen Sonntagskittel anziehen und zum Bestellen und zum Zahlen ins Dorf hinaufgehen. Das hat der Mutter an dem ganzen Vespergeschäft am wenigsten gefallen.

Bald kamen auch die Leute aus der Fabrik mit allem möglichen zu ihr, zum Verbinden, wenn sie sich gerissen hatten, zum Nähen, wenn ihnen eine Naht geplatzt war, um eine Briefmarke oder ein Bögle Papier, um Rat oder um einen Trost oder einfach, um ein wenig in der Küche zu sitzen. Bei den Lehrbuben des Vaters mußte sie oft genug mit ein paar guten Worten, einem Wecken oder einem Fläschle Bier wieder gut machen, was der Meister mit einem rauhen Wort oder mit seiner harten Hand verdorben hatte.

Bald war die Mutter auch bei manchen Bolheimer Bauern wie daheim. Bei der einen Bäuerin holte sie die Milch, die andere backte ihr einen großen runden Brotlaib im Holzofen mit, aus der Mühle holte sie das Mehl und auf dem Ugenhof bestellte sie ihre Kartoffeln und bekam sie, eine schöner als die andere. Am liebsten ging sie aber zu den Bahnwärtersleuten, die in dem winzigen Häusle an der Bahn bei der Zughaltestelle wohnten. Von ihnen habe man die Zufriedenheit und das Glück bei der Armut lernen können. Man sei ihnen nie ungeschickt gekommen, sei es am Morgen, am Mittag oder am Abend gewesen. Sie wären wohl auch mitten in der Nacht für einen aufgestanden und hätten noch das freundlichste Gesicht dabei gemacht. Es habe im Sommer nichts Schöneres gegeben, als auf dem Bänkle an ihrem Gartenzaun zu sitzen, hinter dem mannshohe Sonnenblumen standen. In dem Gärtle gab es Wicken, gelbe Ringelblumen, Reseden und Gelbveiglein, aber natürlich auch gelbe und rote Rüben, Kraut, Kohlrabi, Endivien- und Kopfsalat, Spinat, Blumen- und Rosenkohl, Schnittlauch und Peterling gerade genug. Von der Bahnwärterin, erzählte die Mutter immer wieder, habe sie das Gärteln gelernt.

Der Vater war die meiste Zeit in der Fabrik, zu ihrem Leidwesen oft genug auch am Sonntag. So ein Fabrikschlosser hatte damals vielerlei zu tun. Ob er so eine Maschine schon einmal gesehen hatte oder nicht, danach fragte kein Mensch. Wenn sie nicht mehr lief oder wenn es haperte mit ihr, holte man ihn eben, wie man ihn auch holte, wenn ein Rohr tropfte, wenn es zu einem Glasdach hereinregnete, wenn die Fallen am Flußwehr nicht mehr richtig schlossen, wenn ein Blitzableiter auf einen Kamin oder ein Wetterhahn aufs Dach sollte, wenn in der Villa der Herd rauchte oder ein Schuhabstreifer abgebrochen war, oder wenn ein Verwandter der Herrschaft, der eine Schuhputzmaschine konstruieren wollte, nicht mehr weiterkam.

Wenn er aber einmal einen richtigen Feierabend hatte oder einen rechten Sonntag, dann gab es vielerlei Freuden für ihn. Da waren die Bank und der Vespertisch vor dem Haus, die lustigen „Meggendorfer Blätter“, sein Bierkrug und seine Tabakspfeife mit dem großen Porzellankopf. Da war sein Stammplatz an der warmen Wand im Hirsch in Mergelstetten, seine guten Krieger-, Gesangvereins- und Jagdkameraden und auch die Gaigelkarten. Da waren aber auch die Spalierbäume, die er an der Südseite des Hauses hinaufzog, der Holzschuppen am Berg, Säge, Beil und Spaltblock, Keller und Bühne, die Schafweide, die Heckenrosen und Schlehdornbüsche am Weg, die Bienen und Schmetterlinge, Lerchen, Häher, Wiesel, Eichhörnchen. Da war der hohe Buchenwald, in dem er jede Märzenblümchen- und Schneeglöckchenplatte kannte, war der Hochsitz am Waldrand, seine gute Jagdflinte, Rehe, Hasen, Füchse, Dachse, Nachteulen und Wasserhühner, vor allem aber sein lieber spitzbübischer Dakkel, der Walde. Und dann war da sein Eselsburger Tal, der Falkenstein, der Buigenberg, die Bindsteinmühle. Da war auch die graue Bolheimer Kirche, deren Glocken er so gern hörte, der schmale Holzsteg über die Brenz, von dem aus man in dem kristallklaren Wasser die Fische schwimmen und schnellen sah. Da war das alte Kloster zu Anhausen, das wie verwunschen am Fuße der Waldberge zwischen Gänsewiesen und Bauerngärten liegt und wo im Frühjahr die Apfel- und Birnbäume blühen wie im Paradies.

Es kamen nacheinander zwei Mädchen, die Jahre gingen ins Land und die Mutter fühlte sich wohl unter den Arbeitersleuten und sie hätte mit niemand tauschen mögen. Wenn nur alles blieb, wie es war, und wenn vielleicht, wo die Große nun schon im Dienst und die Zweite schon bald vierzehn Jahre alt war, am Ende doch noch ein Bub kommen würde!

Und der Bub, nämlich ich selber, kam.

Der Vater war ein kräftiger, stämmiger Mann mit festen, knochigen Schaffhänden, die auch mit der schärfsten Seife und mit der rauhesten Wurzelbürste nie mehr ganz sauber wurden.

Sie mache ihm gern nochmal einen Eimer heißes Wasser, sagte die Mutter am frühen Morgen meines Tauftages zu ihm. Nix da, nochmal, sagte er darauf, man dürfe einem wohl ansehen, daß man jeden Tag am Feuer und am Amboß stehe. Schon, meinte die Mutter, aber das Taufkissen, in dem ich liege, sei halt schneeweiß und auf dem Weißen falle das Schwarze arg auf, wenn er mich, wie es der Brauch sei, vor dem Altar der Dote, meiner lieben Taufpatin, in den Arm lege. In die Glacé-Handschuhe von der Hochzeit komme er ja doch nicht mehr hinein.

Komme er nicht und möchte er nicht, sagte er und lachte dabei, daß seine gesunden Zähne aus der dunklen Umrandung seines Bartes herausleuchteten. Nein, nein, die Dinger habe er einmal angehabt und das sei gerade genug. Das Geld dafür reue ihn heute noch. Und wenn dann halt seine Pratzen auf dem Weißen von Spitzen und Leinenzeug recht auffielen, so sei das gerade recht. Auf jeden alten Simpel schaue unser Herrgott gewiß nicht herunter aus seinem Himmelreich, aber auf ein Taufkindlein, in dem noch keine Lumperei stecke. Und wenn er dann dem Schorsch seine Hände sehe, werde er sich schon freuen, bis er den einmal droben bei sich habe, denn wenn es dorten auch goldene Tore und Schlösser gebe, werde es doch wohl auch sein wie drunten, das Gröbere — und das sei ja überall das meiste — werde auch nur aus Eisen sein, so daß man dort an einem guten Schlosser froh sein werde.

Es stellte sich dann heraus, daß ihm der lange schwarze Kirchenrock viel zu eng geworden war. Das war ihm gerade recht. Der Sonntagskittel tuts auch, der sei beim Essen auch schneller ausgezogen. Der feierliche Gehrock gebe dem Büble vielleicht einmal einen Kittel. Beim Herunternehmen des Kirchenrocks von dem Haken an der Wand, an den ihn die Mutter gehängt hatte, fielen dem Vater ein Kragen und eine festgenähte schwarze Krawatte, die man nur unter den Kragen zu schieben und am Kragenknöpfle einzuhängen brauchte, vor die Füße. Er hob die beiden Dinge auf und sagte: „Den Gefallen will ich dir halt in Gottes Namen tun."

Er ging auch gleich daran, sich den Kragen um den Hals zu legen. Er mußte den Kopf dabei weit zurückbeugen, denn er hatte einen kräftigen, großen Vollbart. Unter diesem jetzt fast waagrecht stehenden Bart tastete er nun mit seinen schweren Händen eine ganze Weile herum, stutzte plötzlich und sagte dann: „Rosl" — so sagte er nur, wenn er sehr gut aufgelegt, oder wenn es ihm sehr ernst zumute war —, also: „Rosl, des isch jetzt domm, i sott a Kragaknöpfle hau!" Und dabei senkte er Kinn und Bart wieder und legte den Kragen mit einer eckigen Bewegung auf den Tisch. „Des isch jetzt domm", sagte er nocheinmal.

Sie konnten sich beide beim besten Willen nicht denken, wann sie diesen wichtigen bekleidungstechnischen Gebrauchsgegenstand zum letztenmal im Haus gesehen hatten. Es gab Leute, die behaupteten, der Vater habe sich nur deshalb seinen großen Bart wachsen lassen, damit er nie einen Kragen und eine Krawatte anzuziehen brauche.

Mit den Kragenknöpfen war das nun seinerzeit gar nicht so einfach. Man brauchte eines vorn und eines hinten hinein. Denn der gesteifte Kragen durfte sich weder vorn noch hinten von dem Hemd lösen und in die Höhe gehen. Das vordere Knöpflein hatte eine lange, verdickte, feststehende Spitze, die man durch vier Knopflöcher drücken mußte, zwei am Hemd und zwei am Kragen. Und diese Knopflöcher waren nicht selten durch die Hemdenstärke fast undurchdringlich gemacht. Der hintere Kragenknopf war komplizierter. Er mußte flacher sein, wenn er einen nicht sehr lästig ins Genick drücken sollte. Er hatte zwei umklappbare kleine Bogen, die, zusammengeklappt und zum Knopf senkrecht stehend, leicht durch Hemd und Kragen gingen — hinten nur durch zwei Löcher. Nachher klappte man sie wieder um, so daß sie nun wieder waagrecht zum Knopfrund lagen, so weit von diesem entfernt, als eben Hemd- und Kragenstoff nötig machten.

Bessere Leute hatten es da noch schwerer. Sie trugen nämlich über dem oberen Vorderteil des weichen Hemds eine gestärkte Hemdbrust. Das war einfach ein mit Hemdenstärke gestärkter, steifer Latz aus festem, drei- oder vierfach genommenem weißem Stoff, am oberen Rand mit einem etwa einen Zentimeter hohen Kräglein versehen, das unter den Kragen zu liegen kam. Diese Brust, oder wie manche Leute sagten, dieses Vorhemd lag zwischen Hemd und Weste und reichte ungefähr bis an die untersten Rippen hinunter und war unten abgerundet. Und diese Brust mußte zwischen Hemd und Kragen a u c h noch an das Kragenknöpflein gehängt werden. So wird es begreiflich, daß dieses kleine Gerät, nunmehr durch fünf Knopflöcher reichend, allerhand festzuhalten und bei den mannigfachen Bewegungen des Kopfes auch manches auszuhalten hatte.

Die Kragenknöpfe gab es in den verschiedensten Ausführungen und aus den verschiedensten Materialien. Leute, die auf Sicherheit bedacht waren und die Mannigfaltigkeit schätzten, hatten die Knöpfe vorn und hinten hinein in reicher Auswahl und sie bewahrten sie nicht selten in schönen Behältnissen auf. Besonders ordnungsliebende Leute warfen die Knöpfe für vorn und für hinten hinein beileibe nicht etwa wie Kraut und Rüben durcheinander in ein und dieselbe Dose, sie hatten deren mindestens zwei, wobei sie dann wieder der Ordnung wegen in der väterlichen Schublade die eine vornhin, die andere dahinterzulegen pflegten. Auf eines dieser silbernen Döschen mußte der Onkel Karl einmal den Spruch gravieren: Lerne Ordnung, übe sie, Ordnung spart viel Zeit und Müh. Spar dir Müh und spar dir Zorn: Diese hier, die sind für vorn.

Ist es nicht ein Zeichen für den stürmischen Fortschritt unseres Jahrhunderts, für die unerhörte Entwicklung der Technik und für den Wandel aller Dinge, daß nun schon fast eine zweite Generation heranwächst, in der die wenigsten noch etwas von Kragenknöpfen wissen?

Es mag sein, daß den Vater, der in manchem einen rebellischen Sinn hatte, diese kleinen Dinger, die ihm fast unter den Fingern zerbrachen, schon immer geärgert hatten. Mag sogar sein, daß sie der Grund für seinen schönen Bart waren. Auf alle Fälle war nun am Täufemorgen kein Kragenknöpfle im Haus. Das sei nicht schlimm, sagte die Mutter. Das Mädle könne doch geschwind hinüberlaufen in die Villa und der Lina leis am Küchenfenster klopfen. Vielleicht, daß die wisse, wo der Herr Kommerzienrat seine Kragenknöpfle habe, der habe gewiß genug davon. Und da war sie auch schon zur Tür hinaus. „Daß aber bloß der Herr nichts merkt!" rief ihr der Vater nach.

Nun, der Herr merkte nichts. Die Schwester kam schon nach ein paar Minuten wieder und hielt in der offenen Hand zwei Kragenknöpfe, eines vorn und eines hinten hinein. Beide waren sie nicht aus Gold, sondern von der billigsten Sorte, die es zu kaufen gab, denn der Kommerzienrat war jedem unnötigen Aufwand abhold. Der Vater plagte sich nun eine Weile unter seinem Bart an seinem Kragen herum. Er schnaufte dabei ein paarmal tief und hörbar auf, bis das Zeug dann halbwegs saß. Indessen habe mich, so hat mir die Schwester später erzählt, die Mutter aus dem Korb genommen, weich in ihren Arm gebettet, sei an den Tisch gesessen und habe das Gesangbuch aufgeschlagen. „Nicht daß wir vor lauter Kragenknöpfle den Morgensegen vergessen“, habe sie gesagt und, als der Vater auch am Tisch gesessen sei, mit ihrer weichen und warmen Stimme das alte Tauflied gelesen:

Ich bitt, laß dir befohlen sein,
ach lieber Herr, dies Kindelein;
behüte es vor allem Leid
und alle in der Christenheit.

Der Vater faltete die Hände nie so richtig. Mag sein, daß ihm dies zu fromm vorgekommen wäre. Kann auch sein, daß er seine groben und harten Finger gar nicht so recht hätte ineinanderschieben können. Er legte aber immer unter dem Tisch die eine Hand auf die andere und tat sie auch nie weg, bevor die Mutter nicht Amen gesagt hatte. An jenem Morgen aber habe er die Hand ein paarmal heraufgetan und sei sich mit Zeige- und Mittelfinger der rechten Hand zwischen Kragen und Hals hineingefahren. Und dabei habe er das Gesicht merkwürdig verzogen.

Er hat dann der Mutter noch Holz aus dem Holzschuppen in die Küche getragen, hat im Keller die Bierflaschen gezählt, ob auch genug im Haus seien, wenn die Leute kamen, und dergleichen mehr, was ein Mann eben so tut, wenn es ihm ein wenig anders zumute ist und wenn er das nicht jedermann merken lassen möchte.

Als er sich unter der Haustür gerade bückte und seinen Walde hinter den Ohren kraulte, weil der zu bellen angefangen hatte, kam der Herr Kommerzienrat die Treppe herauf. Er solle nicht erschrecken, sagte der stattliche Mann, der wie er einen schönen, sehr gepflegten Bart trug, er sei in einer gspäßigen Verlegenheit. Er finde seine verflixten Kragenknöpfe nicht. Vielleicht daß er ihm aushelfen könne, damit er in einer halben Stunde in geziemender Feierlichkeit mit am Taufstein stehen könne.

Es hat mir nie jemand sagen können, was der Vater da für ein Gesicht hingemacht hat. Nur was der Herr Kommerzienrat auf seine Verlegenheit hin gesagt hat, weiß ich, da es die Familienüberlieferung festgehalten hat: Dann sei es gerade recht, dann brauche er den Gipsverband nicht um seinen Hals zu tun, er werde dann eben seinen seidenen Schal so herumlegen, daß niemand etwas merke. Es werde ihm so das Singen leichter fallen.

So kam es, daß der Vater dann in der Kirche mit Kragen und Krawatte am Taufstein stand, einen roten Kopf hatte und beim Singen keinen Ton herausbrachte, obwohl er gern und kräftig sang, der Fabrikherr dagegen, den noch nie jemand hatte singen hören, mit vergnügter Miene in das Schlußlied einstimmte, in einer anderen Tonart und vielleicht auch nach einer anderen Melodie, wenn man das, was er sang, überhaupt eine Melodie nennen konnte. Aber was schadete das!

Vor der Kirche wartete der Kutscher mit der Galachaise, die über und über mit Blumen und Zweigen geschmückt war. Die Mutter setzte sich neben die Frau Kommerzienrat. Die Dote, die ihr gegenübersaß, hatte mich auf den Knien. Ich soll selig geschlafen und von den Feierlichkeiten nichts gemerkt haben.

Die Männer gingen, damit die Weibsleute daheim in der Küche unscheniert waren, noch auf eine Stunde in den Hirsch, und dort ließ der Herr Kommerzienrat den besten Wein auf den Tisch stellen, den der Hirschwirt in seinem Keller hatte. Man habe, so wurde noch lange erzählt, den Herrn Kommerzienrat selten so vergnügt gesehen wie da am Herrentisch im Hirsch zu Mergelstetten. Als er mit meinem Vater angestoßen und dann einen großen Schluck genommen habe, habe er gesagt: „Der läuft hinunter wie Öl.“ Beim Blick auf Vaters Glas soll er weitergemacht haben: „Meinem Schlossermeister scheint er nicht gleichermaßen durch die Kehle zu laufen!“

Da habe der Vater mit beiden Händen unter seinen Bart gegriffen. Es habe einen kräftigen Ruck getan, dann habe er tief aufgeschnauft und gesagt: „Er wird gleich laufen, Herr Kommerzienrat. Auf Ihr und der Frau Kommerzienrat Gesundheit. Und auf meinen kleinen Buben." Und dann habe er sein Glas mit einem kräftigen Zug geleert.

Es muß dann noch ein sehr schöner Tag geworden sein. Die Gesellen hätten die Böller krachen lassen, daß einem fast der Löffel aus der Hand gefallen sei und daß die Fensterscheiben geklirrt hätten.

Am nächsten Morgen habe mich der Vater nach der Vesperzeit im Tragkissen auf seinen starken Schlosser- und Schmiedsarmen mit in die große, rußige Werkstatt hinübergenommen, damit das Büble zu der Stuben- und Kirchenluft hin auch gleich ein bißchen Werkstattluft rieche. Zu seinem ältesten Gesellen habe er gesagt: „Schlag ein bißchen auf den Amboß, Fritz, aber sachte, daß das Büble nicht so erschrickt. Er kann sich gar nicht bald genug an den Ton gewöhnen, wenn kein Schreiber und Stubenhocker aus ihm werden soll."

Daß die Kragenknöpfe des Herrn Kommerzienrats im Leben des Bübleins nocheinmal eine Rolle spielen sollten, hatte der Vater nicht ahnen können, als er am Abend des Tauftags das, was in den Taschen seiner schwarzen Sonntagshose war, mit Ausnahme des neuen weißen Schneuztuches, in die großen Säcke seiner Schaffhose schob. Bei dieser Umquartierung seiner Hosentaschenschätze stieß er auch auf die beiden kleinen Dinger, von denen hier so viel die Rede war, daß sie aus stilistischen Gründen nicht gut schon wieder bei ihrem Namen genannt werden können. Er hielt sie der Mutter lachend hin, bevor er sie in die kleine Schatulle auf der Kommode zu Broschen und Nadeln legte. „Hinüberschicken kann ich sie ihm nicht gut. Daß sie mir aber ja immer in Ehren gehalten werden", habe er gesagt.

Dreißig Jahre später war ich wieder einmal aus der Fremde zu Besuch daheim. Damals hatten schon längst die Söhne des geachteten Herrn die Fabrik übernommen. Sie hatten viel angebaut, umgebaut und neu gebaut, auch vieles besser und nach dem Neuesten eingerichtet. In jenem Urlaub besuchte ich nun den einen der Herren, Doktor und Ehrensenator und Inhaber vieler wichtiger Ämter. Ich hatte, denn es konnte ja sein, daß die Rede auf unsere beiden Väter kam, die beiden Kragenknöpfe, in Watte und in eine Zündholzschachtel verpackt, auf alle Fälle einmal eingeschoben. Und eher als ich es gedacht hatte, kam in der Tat die Rede darauf.

Der Doktor, wie er in der ganzen Gegend hieß, erinnerte sich nämlich noch daran, daß an meinem Tauftag in seinem Elternhaus eine kleine Aufregung gewesen war, weil der alte Herr seine Kragenknöpfe wieder einmal nicht gefunden hatte. Er selber habe sich das durchaus nicht sehr zu Herzen genommen, da er ohnehin nicht gern einen Kragen angezogen habe. Aber die Mutter habe gesagt, das Nächste sei aber nun, daß sie ihm einmal ein Dutzend dieser Verschwindibusse kaufe, schon daß die Lina nicht immer wieder danach suchen müsse. Sie habe sonst genug zu tun.

Da sein Vater kurz danach Geburtstag gehabt habe, sei ihm diese Sache wie gerufen gekommen. Man habe dem alten Herrn nämlich nie etwas schenken dürfen, was viel Geld gekostet habe. Am meisten hätten ihn Kleinigkeiten gefreut, hinter denen ein bißchen Verstand oder gar Schelmerei zu spüren gewesen seien. Er habe deshalb etliche Paar der gewöhnlichen Knöpfe und noch ein besonderes Paar aus Perlmutter und Silber für feierliche Tage besorgt.

Als er viele Jahre nach des Vaters Tod darangegangen sei, ein paar persönliche Erinnerungsstücke an den tüchtigen Mann zusammenzutragen, sei von diesen Kragenknöpfen natürlich längst nichts mehr zu finden gewesen. Schade, er hätte gern, da diese kleinen Dinger zu Hause so oft Anlaß zu heiteren Betrachtungen gegeben hatten, ein Paar davon zu den Erinnerungsstücken getan, die er in einer Schublade seines Schreibtischs liegen habe.

Dabei zog der Doktor die oberste rechte Schublade dieses Schreibtisches auf. Und da lagen friedlich nebeneinander die verschiedenartigsten Sachen: ein Hauptbuch, das der alte Herr am Anfang noch selber geführt hatte und auf dessen erste Seite in schön verzierten großen gotischen Buchstaben gedruckt war: Mit Gott! Darunter stand in der steilen Schrift des Kommerzienrats nur das eine Wort: Jawohl! Neben dem Buch lag eine Pfeife mit schön geschnitztem Holzkopf, ein kräftiger Hirschfänger, eine Krawattennadel, ein Federhalter, eine silberne Tabaksdose, eine Lichtputzschere und dergleichen mehr. Der Doktor schob die Sachen ein wenig hin und her, damit ich alles zu sehen bekäme. Er zeige das nicht jedem, möchte sein, daß mancher den Kopf schütteln würde, wo doch die großen Stücke an den Wänden hingen, Urkunden und Dokumente, sogar des Königs Bild mit seiner Unterschrift. Aber er habe an diesen kleinen Sachen eben seine Freude.

Als er die Schublade wieder zumachen wollte, hielt ich sie am vorderen Rand mit der Hand fest. Dann erzählte ich, was ich hier auch erzählt habe. Und dann holte ich aus meiner Hosentasche die Zündholzschachtel heraus, machte sie auf und legte sie zu den anderen Schätzen. Das seien die beiden Kragenknöpfe, mit denen sich an meinem Tauftag an Stelle seines Vaters der meine abgeplagt habe.

Es hätte damals nur ein kurzer Anstandsbesuch

werden sollen. Aber dieser Besuch hat sich dann bis tief in die Nacht hineingezogen und am Ende kam eine schöne Freundschaft heraus, wie eine solche oftmals aus kleinen Dingen erwächst, wenn diese nur ein wenig mit Kopf und Herz zu tun haben.

VI.

MEINE ERSTE HOSE

Eine böse Krankheit, gegen die bis heute noch kein Kräutlein gewachsen ist, hat den Vater früher von dieser schönen Welt weggenommen, als alle Leute es von diesem kräftigen Mann dachten. Da kam für die Mutter eine schwere Zeit. Die Großmutter, die Dote, die Bolheimer Bahnwärtersleute, die preußischen Spinnmeistersfamilien und die Dettinger Bötin haben ihr über das Ärgste hinweggeholfen. Am meisten habe aber neben ihrem Gottvertrauen ich selber dazu beigetragen, daß sie die Flügel nicht lange habe hängen lassen. Wenn man einen Buben aufzuziehen habe, könne man die Hände nicht in den Schoß legen und Trübsal blasen, so traurig es einem auch zumute sei.

Die Fabrik brauchte schnell einen neuen Schlosser, und so mußte sie fort aus ihrem Neubolheimer Paradies. Aber nachdem der Vater fehlte, war sie schließlich froh, als all ihr Hab und Gut auf die zwei Fuhrwerke geladen war, die ihr der Hirschwirt zum Umzug geschickt hatte.

Sie zog nun halt wieder in die Stadt hinauf, und da war es gut, daß die Großeltern beide noch lebten. Es hatte sich eine winzig kleine Wohnung gefunden, ganz nahe am Schwaneneck, im Oberstock eines alten Häuschens, das dem Messinggießer Erhard gehörte, aus dessen Gießerei später eine der großen Fabriken in der Stadt geworden ist. Zwischen jenem Häuschen und der Gießerei, einem niedrigen verzwickten Winkelwerk, lag auf dem engen Hof ein Schlackenhügel und ein Haufen Messingbruch. Dazu stand allerlei eisernes Gerümpel herum.

Die Stuben waren eng und nieder. Die Küche war so dunkel, daß man auch am Tag eine Kerze darin anzünden mußte, wenn das Herdfeuer nicht brannte.

Wenn drüben über dem Schlackenhof gegossen wurde, flackerte der Flammenschein in die Wohnstube herein und warf gespenstische Lichter und Schatten an die Wände.

Der Mutter war es in der ersten Zeit bei dem Feuergeflacker und bei den giftigen weißen, gelben und grünen Rauch- und Dampfschwaden, die aus allen Ritzen und Fugen kamen, immer angst geworden. Und wenn sie an die Rosen und Spalierbirnen gedacht habe, die ihr in Neubolheim ins Fenster gewachsen seien, dann habe sie gemeint, es hier keine vierzehn Tage auszuhalten. Aber es lasse sich überall leben, in den engsten Stuben und in den kleinsten Baracken, auch zwischen Schlackenhaufen, Gießfeuern und Rauchschwaden, wenn man gute Menschen um sich habe. Und das Leben könne in den schönsten Gegenden der Welt zur Hölle werden, wenn man mit Bösartigen und mit Neidhämmeln zusammenleben müsse.

Die Erhardsleute, die drüben über den Schlackenhaufen über der Gießerei wohnten, so daß man sich in die Stuben hineinsah, waren mehr als gute Menschen. Die kleine, gebeugte Frau, die man selten ohne ihren vorgebundenen Schurz aus grobem Rupfentuch sah, ließ keine Woche vergehen, ohne daß sie herübergekommen wäre mit einer Schüssel saurer Milch, einem großen Stück Brot, mit ein paar dampfenden heißen Pfannkuchen, mit einem Apfel oder auch nur mit einem freundlichen Wort über das Wetter, den Markt oder die Werkstatt, oder mit der Frage, ob die Mutter nichts mitzuwaschen habe, da sie ohnehin gerade dabei sei, einen großen Zuber voll Wäsche einzuweichen.

Da diese braven und über alle Maßen fleißigen Leute keine Kinder hatten, ist es begreiflich, daß ich bald mehr in der Stube und Küche der Frau Erhard und in der Gießerei war als daheim. Ich konnte mich an allem, was um die Formen im schwarzen Sand hervorging, nicht sattsehen, und ich konnte mit dem feuchten, tonhaltigen Formsand und mit dem Lehm, aus dem man bei Hohlformen die Kerne machte, nicht lange genug spielen. Das Leben, in das hinein ich nun rasch erwachte, wurde mit jedem Tag schöner. Nur daß die Mutter deswegen umso mehr Angst ausstand.

Das Leben hat mich freilich auch damals schon nicht vor allerlei Schicksalsschlägen bewahrt. An einem Tag, an den ich mich noch genau erinnern kann, kamen sie gleich hageldick.

Ich trug damals anstelle von Hosen einen Rock. Das ist heutzutage, wo die Dinge gerade umgekehrt liegen, fast unfaßlich, ist aber durch eine Fotographie nachweisbar, die mich in solcher, aller Männlichkeit Hohn sprechenden Kleidung zeigt. Man sieht mich da, in geradezu trutzvoll breitbeiniger Stellung und mit halb weinerlicher, halb zorniger Miene auf einer Bank stehen in einem weit über die Knie gehenden Kleidchen und mit bis zur Wadenmitte heraufreichenden Knopfstiefelchen, deren zwei Dutzend kugelige Knöpfe mit Hilfe eines Knopfhäkchens durch die Knopflöcher gezogen werden mußten. Die Mutter mußte, wenn sie mir die Stiefelchen zuknöpfte, wobei ich auf ihrem Schoß saß, mehrere Pausen machen, um tief atmend immer wieder Luft zu holen.

Unter dem erniedrigenden, warmen wollenen

weiblichen Kleidungsstück habe man, wie ich später erzählen hörte, im Gegensatz zu heute, nichts mehr angehabt, und das sei eben das Praktische gewesen. Es habe, mit was man ja bei so vielerlei Ablenkung von den gewöhnlichen und Hinlenkung zu den höheren Dingen bei Kindern immer rechnen müsse, passieren können, was nur habe passieren wollen, so sei der Schaden nicht sehr groß gewesen, was bei der seinerzeitigen Umständlichkeit des Wäschewaschens besonders für einfache Frauen eine nicht geringe Rolle gespielt habe.

Nach dieser Erklärung werden nun auch die trotzige spreizbeinige Stellung auf besagtem Bild und meine dortige Miene, die beide durchaus nicht meinem Wesen entsprechen, verständlich.

In der Stadt waren übrigens die Bubenröcke damals schon sehr im Verschwinden. Auf dem Lande und besonders in Bolheim und noch weiter hinunter im Brenztal waren sie noch gang und gäbe. Dort liefen manche Buben in Röcken herum fast bis sie in die Schule kamen. Die Mutter muß diese Rockmode für sehr praktisch gehalten haben, weil sie sogar noch daran festhielt, als ihr die Dote gesagt hatte: „Also Rosl, der Rock geht in Bolheim noch, in der Stadt geht er nicht mehr."

Eines Tages putzte mir der Jakob, ein Gießer, der mich gern mochte, mit seinem groben Lederschurz die Nase und dann sagte er: „So Büble, und jetzt isch aus mit dem Rock!“ Er nahm mich an der Hand und führte mich zwischen den Formkästen hindurch in die Werkstatt hinaus. Hinter einer Drehbank stand ein alter Schrank, aus dem holte er etwas, und als ers mit beiden Händen vor mich hinhielt, sah ich, daß es eine Hose war. Eine richtige Hose mit zwei Beinen und einem Hosentürle zum Auf- und Zumachen!

Er zog mir das Rockzeug aus und als es am Boden lag, stieß ich mit dem Fuß danach, daß ein Zipfel davon in den Kübel unter dem Schleifstein fiel, in den das Schleifwasser tropfte. Dann half mir der Jakob in die Hosen hinein. „So“, sagte er, „jetzt siehst eher nach einem Schlosserbuben aus!“ Dabei renkte er mir mit seinen starken Armen und seinen unbeholfenen Händen fast sämtliche Glieder aus. Keine der mancherlei sportlichen Betätigungen in meinem späteren Leben hat mich, glaube ich, so angestrengt wie dieser erste Einstieg in ein Paar richtige Hosen. Es muß an Tränen heruntergegangen sein, denn der Jakob sagte: „Heul mer net, sonst kommsch glei wieder in dein Rock nei! A Bua heult überhaupt net“. Ich schluckte fest und schließlich stand ich in Hosen neben der Drehbank. Und in was für Hosen!

Der Jakob hatte sie seinerzeit extra für seinen Buben machen lassen, als sie im Arbeiterverein einmal ein Stück aufführten, in dem allerlei Kinder die Berufe ihrer Väter darstellen mußten. Da die Former viel auf dem Boden herumknien müssen, nähten ihnen ihre Frauen gerne Knieschoner aus Leder auf ihre Hosenknie und unterlegten die Lederstücke noch mit Stoff oder Wolle. Dann war es ein weicheres Knien.

Solcherart waren auch die Hosen ausgerüstet, die ich nun anhatte. Außer zwei tiefen Hosentaschen zur Linken und zur Rechten hatten sie auch eine schmale Tasche für den Meterstab, der noch darin steckte. So kann man sich ja ungefähr vorstellen, wie ich damals ausgesehen habe.

Dann nahm mich der Jakob wieder am Arm — an der Hand nahm er mich nicht, denn er hätte nicht gewußt, wo er da mit seiner großen Gießerpratze hätte hinlangen sollen — zog mich hinter sich her, man möchte eher sagen: schleifte mich hinter sich her, denn ich mußte das Gehen in meiner neuen Montur erst lernen, und schob mich, da ein Guß bevorstand, zur Tür hinaus. Er rief mir noch nach: „So Büble, jetzt läufst ein paarmal die Hauptstraße hinauf und hinunter, dann kannsts."

Ich weiß nicht, ob jemals jemand so stolz die Heidenheimer Hauptstraße hinauf- oder heruntergegangen ist wie ich an jenem Vormittag, obwohl ich mich arg plagen mußte und sicher noch steifer daherkam, als wenn ich auf Stelzen gegangen wäre.

Auf dem Heimweg blieb ich an dem Mäuerchen stehen, auf dem der Schuhmacher Bauer in flachen

Schalen seine kleinen Holznägel, Mausdreckla genannt, aufstellte, damit sie noch mehr austrockneten und dadurch härter wurden.

Diese Holzstifte gab es in dreierlei Größen. Ich nahm von jeder Größe ein paar Händchen voll und schob sie in meine rechte Hosentasche, ohne mir meines Unrechts irgendwie bewußt zu sein. Ich hatte ja noch nie vorher Hosentaschen und damit auch nie die Möglichkeit gehabt, etwas darin verschwinden zu lassen. Vielleicht ist damit auch die geringere Anfälligkeit des weiblichen Geschlechts zum Diebstahl zu erklären.

Meine Hosentasche wurde von den Nägeln nicht voll, denn diese Tasche war schon eher das, als was man sie früher bezeichnete, nämlich ein Hosensack.

Da das Gehen in Hosen inzwischen schon ein wenig besser ging, machte ich zum erstenmal einen kleinen Umweg, die Grabenstraße hinunter. Solche Umwege hatte mir die Mutter streng verboten; denn es fuhren dort Pferdefuhrwerke und viele Radfahrer. Aber wenn man Hosen anhat, wird man unternehmungslustig und großzügig. Und da kann man nicht mehr an all diese Kleinigkeiten denken.

Mein Umweg lohnte sich, wie sich alle meine späteren Umwege im Leben auch gelohnt haben. Die untere Grabenstraße wurde nämlich gerade geteert. Und da stand der rauchende Teerkessel, und ein gutes Dutzend Kinder standen dabei. Auf der Straße knieten Arbeiter und strichen mit Brettern den Teerbelag glatt. Sie hatten Hosenknie wie ich sie hatte, und da lag es ja nahe, daß ich mich auch auf den Rand des frisch geteerten Stückes niederkniete. Als ich aber gerade mit den Händen anfangen wollte, glatt zu streichen, nahm mich einer der Arbeiter am Hosenboden, hielt mich in die Höhe und schrie mich an, er schmeiße mich in den Teerkessel hinein, wenn ich nicht mache, daß ich fortkomme. Dann stellte er mich hin und gab mir einen heftigen Schlag auf den besagten Hosenteil. Ich lief weg, schluckte trokken, aber geschrien habe ich nicht. Meine Hosen waren jetzt an den Knien rabenschwarz.

Ich lief nicht weit, nur bis hinter einen Baum, der ganz nahe am Teerkessel stand. Dort gesellte sich ein etwas älterer Bub zu mir, der beide Hände voll hatte mit weichen Teerkugeln. Er legte sie alle bis auf eine auf den Boden, und diese eine knetete er nun mit beiden Händen, drückte sie, zog sie in die Länge, machte eine Brezel daraus und drückte alles schließlich wieder zu einer neuen Kugel zusammen. Ich streckte die Hand danach aus. Er aber sagte: „Was gibst mir dafür?" Ohne Besinnen holte ich aus meiner Hosentasche eine große Handvoll Holznägel und hielt sie ihm hin. Er ließ seine Teerkugel fallen und griff mit beiden Händen nach den Nägeln. Ich aber hob die Kugel beseligt auf und noch eine dazu und lief, so rasch mich meine Füße in der neuen steifen, reibenden und kratzenden Umhüllung trugen.

Als ich in unserem Höfle war, rief mich die gute Frau Erhard zu sich hinauf. Sie schlug die Hände über dem Kopf zusammen und sagte: „Ja Büble, wer hat dich denn so zusammengestellt?" — „Der Jakob", sagte ich. „Das sieht dem alten Kindskopf gleich. Geh nur schnell heim und zieh dein Kleidle wieder an. Es ist gescheiter und sicherer. Aber wart, ich bring dir schnell ein Schüssele Milch und ein paar Anisschnittle dazu."

Als sie draußen war, ging ich an das kleine Tischchen, auf dem allerlei Muscheln lagen. Es rauschte, wenn man sie ans Ohr hielt. Eine lag dabei, die ich noch nie gesehen hatte. Es war ein Bild drauf gemalt von einem Soldaten, auch andere Dinge. Die Frau Erhard kam gerade herein, als ich eine Muschel in der Hand hatte. „Nimm dir das Muschele nur mit", sagte sie, „dann kannst immer daran horchen." Ich schob die Muschel schnell in meine Tasche, und auch die andere mit dem Bild darauf, denn die gefiel mir noch besser. Dann schob ich auch noch die Anisschnittchen ein, die mir die Frau Erhard auf den Tisch neben die Milch gelegt hatte. Jetzt war die Tasche voll und zog schwer hinunter.

Ich hatte all meine Schätze in die rechte Tasche geschoben, jedenfalls war ich auf der linken Seite mit der linken Hand noch zu ungeschickt.

Drunten rief mich der Jakob in die Gießerei hinein. Er zeigte mich den anderen und sagte: „So paßt er doch eher zu uns." Sie lachten. Dann gab er mir eine glatte, goldglänzende Kugel aus Messing. „Daß du auch so einen Klumpen Gold hast wie der Hans im Glück. Vielleicht kannst du ihn auch um einen Gaul vertauschen."

Da hörte ich die Mutter nach mir rufen. Ich wäre, wie ich es gewohnt war, ihrem Ruf zweifelsohne auch gleich gefolgt, wenn nicht, was noch gar nie vorgekommen war, ein Mädchen vornübergebeugt an unserem Messinghaufen gestanden wäre und darin herumgesucht hätte. Ich lief hin, schubste sie auf die Seite, wobei sie taumelte. Dann stellte ich mich breitbeinig vor sie hin, breitbeinig diesmal aber aus keinem anderen Grund als aus Unwillen und Trotz. Da warf sie das Stück Bruch, das sie gerade in der Hand hielt, nach mir und traf mich damit über der Stirn.

War es der Schmerz, war es die Empörung darüber, daß eine in einem Rock es wagte, gegen einen, der in Hosen vor ihr stand, die Hand aufzuheben und zu werfen — ich fuhr auf alle Fälle auf sie los, riß an ihrem Kleid, bis dieses von oben bis unten zerschlitzte, dann fuhr ich mir mit der Hand an die Stirn, weil mich da etwas kitzelte. Dabei wurde die Hand blutig.

Entsetzt rannte ich davon und ins Haus hinein

und schrie die Treppe hinauf: „I han a Loch im Kopf!“ Dann tappte, hastete und stolperte ich treppauf, so daß ich von der sechsten oder siebten Stufe aus auf dem Bauch wieder rasch nach unten rutschte, wobei ich an einem Treppenabsatz mit der Nase hängen geblieben sein muß, denn sie fing zu bluten an.

Da war dann auch die Mutter da, die mich unter den Arm nahm, hängend vor sich her hielt und die Treppe hinauftrug, wobei ich mit meinen Stiefelspitzen an jeder Stufenkante anstieß. Als sie mich auf dem obersten Treppenabsatz abstellte und ein wenig von sich wegschob, rief sie erschrocken: „Um Gotteswillen, wie siehst denn du aus!“

Ich rührte mich nicht, heulte aber umsomehr, was meinen Anblick natürlich nicht verbesserte. Sie lief nach der Waschschüssel und fing an, mein verschmiertes Gesicht abzuwaschen. Sie war beim Waschen immer sehr rasch und, wie ich meinte, auch grob. Sie suchte die Schramme über der Stirn, klebte ein Heftpflaster darauf und sagte: „So, jetzt kommst nochmal davon.“

Dann montierte sie mich ab. Das war gar nicht so einfach, da das Hemd fest mit der Hosentasche verklebt war. Aber schließlich stand ich da, wie ich seinerzeit auf die Welt gekommen war und rührte mich nicht vom Fleck. Die Mutter hob das, was da als Zeichen stolzer Männlichkeit auf dem Boden lag, auf und ging damit an den Tisch. Dort räumte sie die schwere Tasche aus. Das war keine schöne Arbeit, denn der ohnehin weiche Teer war durch die Körperwärme noch weicher geworden und hatte all meine Reichtümer zäh miteinander verklebt, Muscheln, Holznägel, den Goldklumpen und die völlig zerbröselten Anisschnittchen. „So ein Glump und so ein Gepappe“, sagte sie. „Und überhaupt die ganze Hose. Wo hat man denn schon einmal einen kleinen Buben mit Pflästererkissen auf den Hosenknien gesehen und wo ist dein Kleidle?“ Aber ich will alles vollends kurz machen. Als die Mutter schließlich aus mir herausgebracht hatte, wo die Hose herstammte, daß ich die Nägel einfach so mitgenommen, also sozusagen gestohlen hatte, und daß es mit Herrn Erhards Pfeifenkopf im Grunde nicht viel anders stand, mußte sie sich vor Schreck und Aufregung hinsetzen. Sie wußte sich in dieser Not nicht anders zu helfen als mit einem Gesangbuchvers, in dem der Geber alles Guten um Nachsicht mit uns argen Sündern ersucht wird. Solange sie den Vers, den ich oft gehört hatte, laut hersagte, zog sie mich am Arm her, legte mich übers Knie und ausgerechnet bei den Worten Gottes Lieb und Gütigkeit klatschte es, daß es die Frau Erhard bis in ihre Küche hinüber hörte. Sie hat mir später einmal erzählt, daß ihr, und jedenfalls auch der Mutter die Schläge mehr weh getan hätten als mir. Sie sei gleich hinübergegangen, um mit der Mutter zu reden. Es wäre alles nicht halb so arg, habe die gesagt, aber das Stehlen. Es sei arg, daß sich auch an ihrem Kinde erweise, daß das Dichten und Trachten des menschlichen Herzens böse sei von Jugend auf. Ach Paperlapapp, habe sie gesagt. Wenn so ein Büblein zum erstenmal Hosentaschen habe, in die es etwas hineintun könne, dann müsse es da halt auch etwas hineintun. Sie solle nur die Kirche im Dorf lassen und lieber mit mir hinüberkommen, sie habe etwas Gutes in den Kaffee hinein.

Ich bin sonst so gern hinübergegangen. Aber an dem Tag fiel mir der Gang bitter schwer. Die Mutter tat nämlich, was von den Holzstiften nicht verteert war, und das war nicht mehr viel, in ein Tüchlein, und legte es samt Pfeifenkopf, Muscheln und Goldkugel in ihr kleines schwarzes Deckelkörbchen mit zwei Henkeln. Sie nahm mich fest an der Hand und zog mich hinter sich her. Sie hatte mir genau eingeschärft, was ich sagen mußte, vor allem, daß ich so etwas nie wieder tun wolle. Und daß ich ja „Herr Erhard" sage und nicht „Onkel Erhard". Das passe sich nicht für mich. Frau Erhard hatte mir nämlich beigebracht, Onkel und Tante Erhard zu sagen. Und so war beides in der letzten Zeit manchmal durcheinandergeraten.

Als wir hinüberkamen, saß Herr Erhard an seinem alten Sekretär. Ich hätte, erzählte mir die Mutter später noch oft, meinen Diener gemacht, aber nicht manierlich wie sonst, sondern so, als ob ich einen Zorn gehabt hätte, dann hätte ich mit einer hastigen Bewegung Pfeife, Muscheln und Goldklumpen zwischen seine Papiere und Rechnungen geworfen und gesagt: „Da, Herr Onkel Erhard, hasts wieder und ich will das gar nie mehr.“ Alle Bemühungen der Mutter, mich alles nochmals richtig sagen zu lassen, hätten nichts gefruchtet. Den guten Kuchen habe ich nicht angerührt, was man nicht von mir gewohnt gewesen sei. Das war kein Wunder, denn es standen mir ja noch ein paar saure Gänge bevor.

Zuerst gingen wir zum Schuhmacher Bauer. Ich sehe die Mutter noch dastehen, wie sie ihren kleinen alten Geldbeutel in der Hand hielt und fragte, was die Holznägel kosteten.

Dann mußten wir auch noch zu der Mutter des Mädchens gehen, deren Kleid ich zerrissen hatte. Das war das Ärgste. Aber ich habe auch dies, wie noch vieles in meinem Leben, überstanden.

Am Abend meines Unglückstages muß ich so müde gewesen sein, daß ich nicht einmal mein Nachtgebet ganz zu Ende gesagt, ja, daß ich sogar, was noch gar nie vorgekommen war, einen Fehler hineingemacht habe. Ich hätte nämlich, wobei mir die Augen schon zugefallen seien und womit dieser Tag dann seinen Abschluß gefunden habe, gesagt: „Hab ich

Unrecht heut getan, sieh mirs lieber Gott nicht an. Amen."

Es bleibt mir nur noch, schon hier mitzuteilen, da ich nicht weiß, ob sich später hierzu noch eine Gelegenheit bietet, daß mir die Dote, nachdem sie dies alles erfahren hatte, ein Hösle hat nähen lassen, dessen Aufbau auch die Mutter leicht verstand, so daß sie solche Hosen künftighin selber nähte. Der vordere Mechanismus bereitete auch mir keine Schwierigkeiten, wenn ich nur in irgendeinem Eifer nicht vergaß, ihn rechtzeitig zu bedienen. Auf alle Fälle war meine Mädchenzeit nun endgültig vorüber.

VII.

DAS BÄRENSCHNEIDEN

Da man seinerzeit von Witwenrente und dergleichen noch nicht viel wußte, und da die Mutter mit keinem Gedanken daran dachte, ihre Notgroschen auf der Sparkasse anzugreifen, mußte sie schauen, wo sie etwas verdiente. Da war es gut, daß die Großmutter mit Margarethe Steiff in Giengen bekannt war, mit jenem gelähmten Fräulein, das zu ihrer Unterhaltung und zur Freude der Kinder in der Verwandtschaft und in der ganzen Nachbarschaft aus Filzabfällen und allerlei Stoffresten Tiere aller Arten, vor allem Bärlein nähte, so wie die Großmutter Puppen machte, nur daß die Neffen des besagten Fräuleins begabter waren als der Enkel der Großmutter. Sie ließen aus der Kunstfertigkeit ihrer Tante eine Fabrik entstehen, aus der heraus mehr Kinderseligkeit über die Welt kam, als sich ausrechnen läßt.

Damals, als sich die Mutter nach Arbeit umsehen mußte, wurden die einzelnen Teile, aus denen nachher Füße und Ohrlappen, Bäuche und Buckel, Schwänzlein und Schnauzen von Bären, Affen, Hunden und Kamelen wurden, aus einem langhaarigen weichen Filzstoff noch von Hand ausgeschnitten. Die Zuschneiderinnen lieferten ihre Arbeit anatomisch sortiert, pünktlich abgezählt und gebündelt, jeden zweiten oder dritten Tag in einer Verteilstelle ab und holten dafür neue Stoffballen. Man hieß diese Heimarbeit damals kurzerhand das Bärenschneiden.

Mit dem Ausstopfen und Zusammennähen der Tiere hatten die Bärenschneiderinnen nichts zu tun. Aber einmal verlockte es die Mutter doch, ein Tierlein fertigzumachen. Und so nähte sie mir aus den Abfällen ein Eselein zusammen. Ich nannte es Bileam, weil beim Abendsegenlesen auch einmal die biblische Geschichte von Bileam vorgekommen war, dessen Esel gescheiter war als sein Herr und reden konnte. Mann oder Esel, sie galten mir gleich viel. Mein Esele hieß einfach Bileam, und dieser Name gefiel mir sehr, so wie mir z. B. auch Namen wie Habakuk oder Zephania immer gut gefallen hatten.

Am Tag stellte ich Bileam so auf den Fenstersims, daß er sehen konnte, was im Höfle alles vor sich ging, und bei Nacht schlief er neben meinem Kopfkissen. Ich hätte nie gedacht, daß ich einmal solchen Kummer seinetwegen haben sollte.

Das war bei einem der Auszählspiele, wie die Kinder auf der ganzen Welt sie gerne spielen, mit Verslein wie:

Enzerle, zenzerle,
zizerle, zäh,
Eichele, beichele,
knell!

Oder:

Eins, zwei, drei,
nicke nacke nei!
Nicke nacke Nuß,
und du bischt druß!

Wobei eine, die später auch danach war, immer aus „nackenei" „nackedei" und aus „Nuß" „Kuß" gemacht hat.

Kinder kommen bei ihren Spielen schnell auf der ganzen Welt und in allen Gesellschaftsschichten herum. Und so wie wir das einemal die ganze soziale Stufenleiter herunterstiegen: Kaiser, König, Edelmann, Graf, Bürgersmann, Bettelmann, Bauer, Soldat!, so durchflogen wir ein anderesmal schnell das alte Testament und sagten: Jakobs Ochs und Esaus Kuh, Bileams Esel, der bist du!

An dieser Stelle war es geschehen. Die Abzählerin, die im Kreis herumlief und bei jedem schweren Taktteil einem mit ausgestrecktem Zeigefinger entweder auf die Brust oder auf den Bauch stieß, fuhr bei dem Wort „Du“ auf mein Gegenüber im Kreis los, worauf der sich auch sofort in die Kreismitte stellte. Ich aber brach aus meiner Reihe aus, sprang zu ihm hin, schubste ihn weg und sagte: „Ganz verlogen, des bin i!“ Sie schrien alle auf mich hinein und zogen mich aus der Mitte heraus. Das einzige, was ich verstanden habe, war: „Der spinnt!“

Ich rannte heim, holte mein Eselein, zeigte es ihnen und sagte: „Das ist mein Bileam und ihr seid dumm!“ Da hörte ich ein Mädchen sagen: „Jetzt spinnt er noch ärger, kommet, wir suchen einen anderen Platz.“

Es war gut, daß meine damaligen Mitspieler doch noch sehr klein waren, sonst wäre ganz gewiß der Name Bileam an mir hängen geblieben. Wenn mir heute noch einer, der mich nicht mag, gern den Namen Bileam oder den seines Tieres anhängen möchte, möge ers ruhig tun, es macht mir nichts mehr aus. Für den zweiten Fall müßte ich nach all dem, was hinter mir liegt, sogar sagen: Er hat recht!

Ich hätte nicht gedacht, daß ich ausgerechnet in dem Land, in dem Bileam die Wunder mit seiner Eselin erlebte, auch meine blauen Wunder mit einer Eselin erleben sollte, die mich dort kopfüber in eine sehr stachelige Kaktushecke geworfen hat. Dort ist mir auch zum erstenmal ein abfälliges Wort gegen ein Eselein herausgefahren, nämlich: Du Esel! Ich habe meinen Bileam auf der halben Welt herum mitgenommen und ich hätte ihn wohl heute noch, wenn er nicht im Krieg umgekommen wäre.

Die Mutter saß meist schon in aller Frühe beim Bärenschneiden. Ich konnte ihr nicht viel dabei helfen. Aber ich las immer wieder die Abfälle auf und stopfte sie in den Lumpensack, der mir nie schnell genug voll werden konnte. Denn wenn der Lumpensammler kam, mit seiner hellen Glocke durch die Straßen und Gassen läutete und aus voller Brust nach Lumpen rief, durfte ich den Sack auf den Bukkel nehmen und damit in die Grabenstraße hinübergehen. Dort war an der Mauer ein großes Tuch aufgehängt. An diesem Tuch steckten kleine Broschen und Nadeln aus Gold und aus Silber und mit Edelsteinen besetzt. Da hingen Fingerringe und Ohrringe, Halsketten und Armreifen, da steckten Windrädlein und Fähnchen, und auf dem Boden lagen auf einem großen Rupfen noch kleine Spiegel, auf deren Rückseite man drei Mäuschen in drei nebeneinanderliegende Fallen springen oder kleine rote Kügelchen in kleine Mulden rollen lassen konnte, wenn man geschickt genug war. Da lagen auch bunte Bilderbogen, Papierrosen, Malstifte und Malbücher, sogar Taschenmesser und Laubsägen mitsamt den Vorlagen zum Aussägen.

Nun war mir aber noch nicht einmal dieser ganze kleine Jahrmarkt voller Herrlichkeiten für Kinder, die noch nichts von Geschmacksproblemen wissen, das Wichtigste. Wichtiger war mir, daß ich da einen Sack auf dem Rücken trug, wie ein richtiger Fuhrmann in der Schranne, leicht nach vorn gebeugt, den Sack mit beiden Händen vor der Brust am Zipfel haltend und ihn immer wieder ein wenig auf dem Rücken zurechtschüttelnd. Ich ging solcherweise mit schweren, stapfenden Schritten ein paarmal die ganze Grabenstraße hinunter. Meist wartete ich, bis der Lumpenmann sagte: „Komm, leer deinen Sack jetzt auch endlich aus, du Stemper!"

Dann kam die Qual der Wahl, vor der es mir jedesmal ein bißchen angst war. Am liebsten hätte ich ein Taschenmesser mitgenommen. Da war aber die Mutter dagegen. So lief es meistens auf ein Windrädlein aus mehrfarbigem Papier hinaus, mit dem man laufen und dazu schnurren konnte, solange man wollte. Man durfte bloß niemand auf den Bauch rennen. Oder nahm ich eine Pfeife oder eine Rätsche, mit der man Spatzen aufscheuchen und Katzen vertreiben konnte.

Daheim gehörte dann zu meinen Obliegenheiten auch noch, daß ich die feinen Bärenhärchen zusammenkehrte und überall auf den Möbeln abwischte. Sie flogen in der ganzen Stube herum, sogar hinter den Kalenderblättchen konnte man sie finden, und die lagen doch gewiß fest aufeinander. Ich nahm es besonders mit dem Wischen sehr genau, und seither bin ich gegen jeglichen Staub auf Regalen oder Türkanten empfindlich. Wo das bei der immer weitergreifenden Verunreinigung der Luft in diesem Lärm- und Staubzeitalter noch hinführen soll, weiß ich auch nicht.

Am schönsten war es am Abend, denn da kam die Dote, um der Mutter noch ein Stündlein oder zwei zu helfen.

Am allerschönsten war es, wenn auch die Dettinger Bötin kam. Dies geschah bei argem Sudelwetter, oder wenn es im Winter recht kalt war. Da war ihr der vierstündige Botenweg doch zu weit. Sie übernachtete dann lieber bei uns. An solchen Abenden blieb auch die Dote immer länger sitzen.

Die Bötin war eine rotbackige kugelige Frau und immer zufrieden und fröhlich. Ich habe schon gesagt, daß sie zu den frommen Gemeinschaftsleuten gehörte, von denen es bei uns seinerzeit noch viele gab. Ich habe später erfahren, daß sie unter denen freilich eine ganz Besondere gewesen sei und daß manche ihrer Glaubensgenossen bezweifelt hätten, ob sie auch den richtigen ernsten Glauben habe. Sie hat ihre Frömmigkeit nicht aus den Büchern gehabt, sondern aus ihrem eigenen Kopf. Und da es in diesem Kopf meistens recht fröhlich zuging, war mir Fröhlichkeit und Frömmigkeit lange Zeit ein und dasselbe. Und als die Mutter einmal von einem ernsten, fast finsteren Mann, vor dem mir immer ein wenig angst war, sagte, daß er ein frommer

Mann sei, fragte ich sie: „Warum lacht er dann nicht?“

Mir brachte die Bötin jedesmal etwas mit: eine Hahnenfeder, eine Silberdistel, eine Tulpenzwiebel, eine Gaishirtlesbirne, ein paar blaue Pflaumen, ein Säckle getrockneter Schlehen, ein Gänseei oder dergleichen. Das war aber nicht die Hauptsache. Viel wichtiger war, daß sie so viel zu erzählen wußte. Da die Tür zur Schlafstube besonders im Winter offen war, konnte ich in meinem Bett zuhören, bis mir die Augen zufielen.

Draußen saßen die drei Frauen am Tisch und schnitten ihre Bären. Sie sprachen leise, daß ich nicht aufwachen sollte. Aber wenn ich gut aufpaßte, verstand ich das meiste. Die Unterhaltung drehte sich am Anfang meist um geistliche Dinge, und immer wieder um die hochgebaute Stadt Jerusalem mit ihren goldenen Toren und um das Reich Gottes. Als ich später jahrelang im Heiligen Land gelebt habe und aus unserem schwäbischen Kolonistendorf oft hinaufgekommen bin nach Jerusalem, habe ich da viel umlernen müssen. Da bei uns Himmel und Erde gleichermaßen zur Frömmigkeit gehören, ging es dann beim Bärenschneiden sehr ausführlich auch um diese Welt und um die Menschen darauf, um die Menschen in Dettingen und in Heidenheim, um Deutsche und Franzosen, sogar um Amerikaner; denn es waren viele aus unserer Gegend nach Amerika gezogen, auch mein Onkel Michel, Vaters Bruder, von dem man aber nie mehr etwas gehört hat. Aber, meinte die Bötin, vielleicht gehe es wie bei dem Müllersohn aus Auhausen, der nach vielen Jahren auf einmal wieder in der Stube in der alten Mühle gestanden sei und so viele Goldstücke auf die Tischplatte gelegt habe, daß vom Holz nichts mehr zu sehen war.

Kein Wunder, daß ich, auf Schuhmacher Bauers Mäuerle sitzend, ein paar Kindern aus der Nachbarschaft einmal erzählt habe, mein Onkel Michel aus Amerika habe so viel Goldstücke auf unseren Tisch gelegt, daß man das Wachstuch nicht mehr gesehen habe, und daß gegen Abend einmal die Ofen-Kätter zur Mutter gekommen ist und schluchzend gesagt hat: „So ein Glück, so ein Glück für eine arme Witfrau! Wo geschrieben ist: wenn du zwei Röcke hast, so gib der, die keinen hat, auch einen." Ich weiß, daß es etwas anders heißt, aber die Kätter sagte so. Und sie fuhr fort, bei ihr sei der eine Rock geflickt, daß er bald nicht mehr viel besser sei als gar keiner. Als die Mutter dies alles nicht verstand, sagte die Kätter, sie solle doch nicht so tun, die ganze Straße wisse es, der ganze Tisch sei voller Goldstücke gelegen. Aber es stehe auch geschrieben: Je mehr sie hat, je mehr sie will. Und der Geiz verhärte des Menschen Herz. Aber sie solle nur daran denken, daß es in der Schrift auch heiße: Glück und Glas, wie leicht bricht das.

Da die Mutter die besagte Schrift genau kannte, und da es von der Kätter hieß, sie trage den Schnapsbudel den ganzen Tag in ihrem Rocksack mit herum, dachte sie, sie werde halt wieder einen zu kräftigen Zug im Hals gehabt haben, und da sei ein heißer Kaffee das Beste. Bevor sie ihn aber einschenken konnte, war die Kätter zur Tür hinaus und auf der Treppe, die sie zornig hinunterpolterte, sagte sie so laut, daß die da droben es hören mußte: „Bloß von den Reichen nichts wollen! Man muß bei den armen Leuten anklopfen."

Die Mutter hat, das macht mir heute noch manchmal zu schaffen, nie erfahren, daß ihre Vermutung in diesem Fall nicht gestimmt hat. Im Gegenteil. Die Kätter habe, so heißt es, oft genug gesagt, wenn man ein Geschäft machen wolle, müsse man die Schnapsflasche daheim lassen.

Wenn es den drei Frauen beim Bärenschneiden ein besonderes Stück gegeben hat, und wenn sie gut aufgelegt waren, haben sie gern ein paar Lieder gesungen. Angestimmt hat jedesmal die Bötin, die das halbe Gesangbuch auswendig gekannt haben muß. Ihr Herz war allezeit von Dank erfüllt, und wo andere gegen Gott gemurrt und mit ihm gehadert haben, lobte sie ihn. Wenn man von ihrer Armut sprach, rühmte sie ihre Gesundheit. Als sie einmal den Arm gebrochen hatte, war sie voller Dankbarkeit, daß es kein Fuß war; denn sie laufe ja nicht auf den Händen in die Stadt. Als ihr einmal einer ihrer drei Körbe mit allem, was sie für die Leute besorgt hatte, gestohlen worden war, dankte sie Gott, daß es bloß der eine Korb war, auch noch der kleinste, und sie dankte gleichzeitig dafür, daß es von solchen Lumpen, die so etwas täten, auf Gottes schöner Erdenwelt nicht noch viel mehr gebe. So ist es kein Wunder, daß sie am liebsten sang: Lobe den Herren, den mächtigen König der Ehren; — Dir, dir Jehova, will ich singen; — Womit soll ich dich wohl loben, mächtiger Herr Zebaoth! — O daß ich tausend Zungen hätte. — Wenn da der dritte Vers gesungen war, sagte sie jedesmal: „Kommet, den singen wir nocheinmal.“ Er muß ihr besonders gut gefallen haben. Er hieß:

Ihr grünen Blätter in den Wäldern
bewegt und regt euch doch mit mir.
Ihr schwanken Gräslein in den Feldern,
ihr Blumen, laßt doch eure Zier
zu Gottes Ruhm belebet sein
und stimmet lieblich mit mir ein!

Auch ich freute mich jedesmal, wenn dieser Vers kam, denn unter den Blättern, Gräslein und Blumen konnte ich mir doch etwas vorstellen. Und einmal fing ich, wo sie alle dachten, ich schliefe schon längst, bei der Wiederholung an, fest mitzusingen.

Als der Vers zu Ende war, rief die Bötin glückselig aus: „Jetzt höret bloß das Büble!“ Dann kam sie an mein Bett und sagte: „So isch recht! Und wenn du einmal lesen kannst, kriegst du den großen Psalter von mir, dann kannst du singen nach Herzenslust.“

Die Mutter war weniger gerührt. Sie sagte: „Aber jetzt machst du die Augen zu und schläfst. Wenn gebetet ist, paßt sich das Singen nicht mehr.“ — „Aber Rösle“, sagte die Bötin, „warum auch nicht? Gebet oder Lied oder Lied und Gebet, unserem Herrgott ist die Reihenfolge ganz egal, laßt das Büble singen, schlafen kann er immer noch genug. Ein fröhliches Lied ist so gut wie ein Gebet!“

Ich habe vieles, was ich gelernt habe im Leben, wieder ganz und gar vergessen. Den Liedervers von den grünen Blättern in den Wäldern und von den schwanken Gräslein in den Feldern könnte ich bestimmt auch noch auswendig, und wenn ich, was mir recht wäre, hundert Jahre alt werden sollte. Er ist mir auch von den viel tausend Liederversen (ich weiß gut, daß es Strophen heißen müßte), die ich gelesen oder gelernt habe, einer der liebsten geblieben, wenn die modernen Dichter auch über solche

Verse die Nase rümpfen, daß sie ihnen schier einzuschnurren droht.

Als nach des Vaters Tod schon ein paar Jahre vergangen waren, wagte die Dote langsam, auch einmal ein anderes Lied zu singen, vielleicht: „Je höher der Kirchturm, desto schöner das Geläut“, (wo es aber gleich weitergeht: „Und je weiter zum Schatz, desto größer die Freud“), „'s isch no net lang, daß gregnet hot, die Blümle tropfet no, i han amol a Schätzle ghet, i wollt, i hätt es no“, (da war also schon wieder von etwas höchst Irdischem die Rede), „von den Bergen fließt ein Wasser, Wasser wie der kühle Wein. Kühler Wein, das soll es sein —“. Daran, daß es auch hier weitergeht: „Schatz, ach Schatz, könnt ich doch bei Dir sein!“ — bin ganz gewiß nicht ich schuldig.

Solche Lieder konnte die Dote viele. Sie waren seinerzeit bei unseren Stundenleuten als Schelmenlieder verpönt. Deshalb sang die Bötin da nicht so recht mit. Auch bei der Mutter war es manchmal mehr Summen als Singen. Nur bei: „Und ich bin halt ein fröhlicher Bauer auf dem Lande“ sangen sie jedesmal alle drei bis zum Schluß laut mit. Bei: „Ei du Mädchen vom Lande, wie bist du so schön“, hörte die Bötin beim dritten Vers auf, denn der hieß: „Verliebt sich ein Mädchen, der Teufel ist los, da hilft ja kein Riegel, keine Tür und kein Schloß!“

Manchmal sang dann die Dote ganz allein noch

ein paar Schnitz, wie es sie bei uns landauf landab zu Hunderten gibt, zum Beispiel: „Der Himmel hat Steara und Wolka drom rom, i muß mein Schatz spara, er isch no so jong“, oder: „Drei Wocha vor Ostera, do goht dr Schnee weg, do heirat mei Schätzle, und i han an Dreck.“

Zum Schluß sang sie meistens: „Was soll i denn senga, wenn i gar nix meh weiß, und seng i vom Gockel, no meckeret d'Geiß.“ Bei diesem Zweizeiler sei ich, erzählte mir die Dote später einmal, und es müsse schon spät gewesen sein, aus dem Bett gesprungen, in die Stube gekommen, an sie hingeschlüpft und hätte gesagt: „Dota, nomol von dr Geiß!“ Da habe die Bötin den Finger aufgehoben: „Aber, aber, Büble, des ist doch nix für dich. Des ist ja ein Schelmenlied. Schnell geh in dein Bett, mach die Augen zu und schlaf.“ Der Dote sei es da einfach so herausgerutscht. „Aber, aber, Bötin! Neulich waret Ihr ganz anders gesonnen. Da habt Ihr gesagt — ich hörs heut noch im Ohr: Ein fröhlich Lied sei so gut wie ein Gebet.“

„Aber doch nicht solch eines. Das ist doch kein Lied, das ist doch eine Lumperei“, habe die Bötin erwidert.

An einer schönen Lumperei habe unser Herrgott sicher auch seine Freude, gab ihr die Dote hinaus. Sie wisse doch, daß er nicht so übelnehmerisch sei, wie manche in Dettingen und in Heidenheim meinten. „Nichts wie mitgesungen, Bötin, daß der Bub wieder in sein Bett kommt.“ Und da fing sie von Geiß und Gockel nochmals an und siehe da, die Bötin sang mit. Dann aber sagte sie: „Je, o je, Leut, wo kommt mr aber au na, wenn mr drenei kommt.“

VIII.

UNTER DEN FABRIKLERN

Eines Abends sagte die Dote zur Mutter, sie könne es schon lange einfach nicht mehr mit ansehen, wie sie sich da jeden Tag abplage bis in die Nacht hinein und wie sie bei der Sitzerei krumm und bukkelig werde. Sie habe jetzt einfach einmal auf der Manufaktur nach Arbeit für sie gefragt, und wenn sie wolle, könne sie schon in vierzehn Tagen im Legsaal anfangen. Im ganzen Saal finde man kein Stäubchen. Sie bräuchte da auch nicht den ganzen Tag auf einem Fleck zu sitzen. Man habe immer wieder einmal Bewegung und man höre und sehe doch auch etwas und man merke, daß man nicht allein auf der Welt sei. Außerdem habe man seinen regelmäßigen Zahltag und seinen Feierabend. Man könne jede Woche einmal warm baden, sogar das

Handtuch, den Waschlappen und die Seife bekomme man gestellt.

Die Mutter schnitt an ihrem Stoffstück weiter ohne aufzuschauen. Zwischen das Geschnipp der Scheren hinein hörte man ein paarmal ein bedrängtes tiefes Luftholen. Schließlich sagte die Mutter: „Wenn ichs schon übers Herz brächte, aber der Bub?“ Der sei nicht mehr so klein. Übers Jahr komme er in die Schule, da sei er ja dann aufgehoben. Und wenn die Großmutter auch mit hinausziehe, könne sie doch auf ihn aufpassen. Da habe die Mutter aufgeschaut und gesagt: „Was soll das heißen? Mit hinausziehen?“ — „Was das heißen soll?“ Daß es eine Dummheit sei, zwei Haushaltungen und zweimal Hauszins. Deshalb habe sie auch gleich nach einer Wohnung im China gefragt. Jedermann wisse, was das für schöne und gesunde Wohnungen seien. Allein der Hof und das Gärtle seien Gold wert und wenn man wolle, könne man sich am Wald noch einen Kartoffelacker und Krautland pachten, um ein paar Mark. Dann sei man doch gestellt. Es sei auch ein Bäcker draußen und ein Laden, in dem es alles gebe. Und ihr Bier könnte sich die Großmutter in der China-Wirtschaft holen.

Ja ob sie sich denn einbilde, daß sie die Großmutter ins China hinausbringe? Das werde sich weisen. Sie sage ja selber oft, es sei in der Stadt auch nicht mehr das, was es einmal gewesen sei. Man kenne die Leute allmählich gar nicht mehr. Zudem höre man dies und das. Das alte Haus in der Hauptstraße solle umgebaut und der Laden verpachtet werden. Es habe sogar schon geheißen, das ganze Haus werde verkauft. Nein, nein, sie habe sich das alles lange genug durch den Kopf gehen lassen. Es wäre schon das beste, wenn sie alle miteinander ins China hinausgingen.

Die Mutter stöhnte leise. Schon, sagte sie, aber d'Leut! Da legte die Dote die Schere hin, daß sie klapperte. Die Leute? Die hätten auch im China die Nase mitten im Gesicht, genau wie in der Stadt und wie in Neubolheim. Und es sei im China noch nie jemand gefressen worden. Eine so noble Frau, daß sie nicht da hinaus passe, sei sie ja auch nicht. Sie werde doch hoffentlich keinen Grattel haben.

Als der Mutter die Tränen heruntergelaufen seien, habe sie gefragt: „Ja, jetzt mach mir nur den Gaul nicht scheu! Man könnte grad meinen, da ginge die Welt unter, wenn die Rummlers-Rosl auf die Manufaktur und ins China-Viertel soll!"

Ein paar Wochen später zogen wir dann alle miteinander, die Großmutter, die Dote, die Mutter und eine der Schwestern, die zu Besuch aus der Schweiz daheim war, wo sie diente, und ich, ins China-Viertel am Schmittenberg, unter lauter Fabrikler hinein.

Der Umzug ging auf zwei großen Leiterwagen vonstatten. Ich war sehr enttäuscht, daß ich nicht fahren durfte. Aber mich hoch droben irgendwo zwischen den Hausrat zu setzen, wie ich mir gedacht hatte, so daß ich hätte herunterpfeifen und winken können, das war zu gefährlich. So lief ich eben unwillig neben den Fuhrleuten her.

Schließlich waren wir am Ziel. Die Fuhrwerke hielten vor unserem Haus, das ich da zum erstenmal sah. Und da stand ich nun mitten drin in dem, was mir für die nächsten Jahre die Welt bedeutete. Mir gefiel es von der ersten Stunde an. Schon der Hof, in den man vom Trottoir aus durch ein schönes Törlein in einem schneeweißen Lattenzaun hineinging! Der Zaun, der unseren Hof vom Nachbarhof trennte, war aus Tannenlatten, die auf der einen Seite noch mit der braunen Rinde überzogen und die schräg übereinander genagelt waren, so daß sie ein Gitter von lauter auf der Spitze stehenden Vierecken bildeten. Dieses Gitter gefiel mir besonders, denn erstens konnte man da gleich durch eine Unmenge von Fenstern in den anderen Hof hinüberschauen und zweitens konnte man in diese Vierecke geschickt hineintreten, so daß man leicht über den Zaun kam. Über diesen Zaun wollte ich auch jeden Tag oft hinübersteigen. Das hätte ich zweifelsohne auch getan, wenn sich nicht schon beim ersten, sofort unternommenen Versuch die obere scharfe Spitze einer Zaunlatte so dumm durch den Stoff meiner Hose gebohrt hätte, daß ich nun weder wieder vom Zaun herunter in unseren Hof, noch hinüber in den anderen konnte. Und gerade als ich da hing, aufgespießt zwischen Himmel und Erde, und als durch meine Befreiungsversuche das Loch in meiner Hose immer größer wurde, kam drüben eine Frau aus dem Haus heraus. Sie hatte Pantoffel an den dünnen, nackten Füßen, eine spitze Nase, eingefallene Backen und ein winziges Haarnest. In Augenblicken der Gefahr sieht man ja alles viel schneller und gewissermaßen doppelt. Sie kam ganz nah an den Zaun her, stemmte ihre beiden dürren Arme in die Seite und zischte zwischen den Zahnlücken heraus, das habe sie sich doch gleich gedacht, daß da wieder so ein Lumpenpack einziehen werde, so ein freches. Aber denen werde sie dafür tun, Himmelherrgottsakrament!

Sie wollte mich mit ihren dreckigen, knochigen Händen packen. Es war kein Zweifel, das war eine Hexe. Ich schrie fürchterlich. Aber bevor mich die langen Finger erreichten, sank ich ganz weich nach hinten. Ein Engel hatte mich sanft umfaßt, rasch hochgehoben und auf unseren Hof gestellt. Als ich weglaufen wollte, hielt er mich aber fest und gar nicht mehr sanft am Arm, drehte mich herum, hob mich ein klein wenig hoch, so ungefähr kniehoch, legte mich mit dem Bauch auf etwas Weiches und bei dem, was nun folgte, merkte ich, daß das kein Engel gewesen sein konnte. Wer es war, kann sich jeder denken. Es zu schreiben, wäre unmodern, wo die Schriftsteller heutzutage nicht einmal mehr das sagen, was sich auch beim besten Willen und bei der reichsten Phantasie kein Mensch von allein denken kann. Und gerade das, heißt es, sei eben die Kunst.

Daß hier aber einer von den dicken Kochlöffeln zerbrach, die in dem Waschkorb oben drauf lagen, den die Mutter eben hatte hinauftragen wollen, muß ich der historischen Treue wegen doch sagen.

Das Loch in meinem Hosenbein, das allerdings größer war als das, aus dem der Fuß herauskam, hätte der Mutter nicht einmal viel ausgemacht. Solche Löcher war sie gewohnt. Die Dote sagte immer, lieber ein Loch in der Hose als im Kopf. Nein, das Schlimmste war, daß ich da, bevor wir eingezogen waren, im Begriff war, mich schwer gegen die Haus- und Hofordnung zu vergehen, worauf in allen Mietverträgen Kündigung steht. Man muß dazu wissen, daß es die Mutter mit ihren Mieterpflichten immer doppelt genau genommen hat. Sie war in allem ein wenig ängstlich und etwas vom Ärgsten, sagte sie oft, sei, wenn man aus der Wohnung hinaus müsse, und auf einmal dastehe und nicht wisse, wohin.

Es hingen mir damals wohl die Tränen noch an den Backen, als ein ungefähr gleichaltriger Bub zu mir herkam und sagte: „Du bist dumm. Guck, so steigt man hinauf“, und schon war er oben. „Und dann muß man den rechten Fuß ins oberste Eck tun und mit dem linken Fuß einen großen Schwung machen. So. Sich schnell umdrehen, auf der andern Seite in ein oberes Loch fahren. So! Und dann schnell herunter. So! Siehscht mich? Wenn die Rätschmeiere kommt, ganz schnell wieder hinauf, und dann mußt du von oben herunter hüpfen, daß es schneller geht." Und er sprang tatsächlich von ganz droben auf dem Zaun herunter, sank ein wenig in die Knie und sagte: „Probier es doch auch."

Da er merkte, wie ich ängstlich nach der Straße hinaussah, zog er mich um die Ecke auf die Südseite des Hauses, schräg über den Hof der Hausleute, in eine Ecke, in der zwei Gärten und zwei Höfe, also vier Gitterzäune, zusammenstießen. „Übers Eck in unseren Hof, da ist es am leichtesten", sagte er. Er machte es vor und ich machte es nach. Hinüber und wieder herüber. Es ging, und ich war sehr glücklich, wenn ich auch viel länger brauchte. „Du hast ja Schuhe an" sagte er, „da geht es langsam. Du mußt sie heruntertun." Ich warf Schuhe und Strümpfe an den Zaun und stieg nun barfuß hinüber. Das ging aber nicht schneller bei mir. Im Gegenteil. Denn die scharfen Kanten und Latten schnitten mir sehr in die Fußsohlen. Als ich zweimal hinüber und herüber war, mochte ich nicht mehr. Ich mußte mich am kleinen Zeh auch gerissen haben, das Blut tropfte herunter. Ich zeigte ihm dies. „Ach was, das ist bloß ein Kratzer. Da brauchst du nur drauf zu spucken, dann ists schon vorbei.“ Später hat er mir noch ein ganz anderes Rezept verraten, damals habe er sich noch scheniert vor mir.

Ich hörte die Mutter rufen. Ich könne jetzt allerlei helfen hinauftragen. Sie gab mir einen Eimer mit Spüllumpen, Putzlumpen und Bürsten in die Hand. Der andere Bub stand dabei. Er könne auch helfen. Als ich wieder die Treppe herunter kam, kam er mit einem Kopfkissen im Arm gerade herauf. So gingen wir nun ein paarmal aneinander vorbei.

Als ich wieder mit einer schweren Tasche die Treppe heraufkam und auf dem ersten Absatz, an dem es ums Eck ging, abstellte, rief er von oben herunter: „He!“ Er saß auf dem Geländer, streckte die Arme weit nach beiden Seiten hinaus und rutschte freihändig herunter. Er sprang vor meinen Füßen auch ab, ohne sich festzuhalten. Dann rannte er die Treppe wieder hinauf, legte sich auf dem Geländer auf den Bauch und rutschte, die Arme wie Flügel nach beiden Seiten streckend, rückwärts herunter. Wieder kam er sicher auf die Füße. Er lief nochmals hinauf, legte sich wieder aufs Geländer, diesesmal aber mit dem Kopf nach unten, so daß ich glaubte, er müsse dort, wo ich stand, übers Geländer schießen, einfach in die Luft hinein, und dann mit dem Kopf voraus, schrecklich die Treppe hinunterstürzen. Ich breitete die Arme aus, als ob ich ihn auffangen wollte. Er rief aber: „Weg!“, fuhr los, grätschte vom Geländer und stand lachend wieder vor mir. Von da an war er mein Freund und ist es über zwei Kriege, über Revolutionen, über zwei Geldvernichtungen, über mehr als ein Dutzend Regierungen und über etliche Kleider-, Kunst- und Buchmoden hinweg geblieben.

Gegen Abend kamen auf einmal allerlei fremde Männer ins Haus. Sie trugen die schweren Kleiderschränke, die Bettroste, das Wohnzimmer- und das Küchenbuffett miteinander hinauf. Es war nämlich inzwischen Feierabend geworden, und das waren lauter Männer aus der Nachbarschaft.

Als mir die Mutter später die Füße wusch, merkte sie gar nicht, daß ich barfuß war und daß an meinem kleinen Zeh eine Blutkruste klebte. Sie wird zu müde gewesen sein, auch zu aufgeregt. Sie sagte nur: „Über den Zaun darfst du mir nie mehr steigen. Sonst spukts! Brich auch nie Zweige oder gar Äste im Garten ab und mach die Türen immer leis zu, daß wir nicht ausziehen müssen!“

Das muß einer der Männer gehört haben, der an einem Schrank im Gang hantierte, weil die Türen noch klemmten. Er kam in die Küche herein und sagte, so sei das im China nicht, daß man da wegen jedem Dreck gleich ausziehen müsse. Da seien sie auch noch da. Sie solle sich nur keine unnötigen Sorgen machen. Wäre nochmal schöner, wenn man da nicht einer Witfrau beistehen würde. Nach der mit ihrer spitzigen Nase über dem Hof drüben brauche sie gar nicht hinzuschauen. Die ziehe sowieso bald aus. Wenn es ihr recht sei, schaue er in den nächsten Tagen nach Feierabend noch ein paarmal herein, bis alles stehe. Eine Frau habe ja doch auch nicht das rechte Handwerkszeug. Und der Bub könne sich ein bißchen an seinen Heinrich halten. Der sei im gleichen Alter und komme im Frühjahr auch in die Schule.

Da ging eine Tür und schon stand mein neuer Freund in der Küche, warf meine Schuhe und Strümpfe vor den Herd und sagte: „Du hast sie am Zaun liegen lassen. Aber du brauchst die jetzt überhaupt nicht mehr. Es ist doch Sommer."

Da sagte der Mann in der Küche: „Aber du gehst jetzt doch ins Bett, du Malefizkerl, sonst patschts!" Da merkte ich, daß der Mann Heiners Vater war.

Die Mutter sagte später oft, kein studierter Seelsorger habe ihr so viel geholfen wie dieser einfache Mann, so daß die erste Nacht im China besser geworden sei, als sie befürchtet habe.

Der Dote ging es wie mir. Sie fühlte sich im Chinaviertel von der ersten Stunde an wohl. Ihr Höchstes war es, wenn sie am Feierabend ihr Strickzeug nehmen und noch eine Stunde an den Schmittenberg hinauskonnte, um sich ins Gras zu setzen, ihren Kopf auslüften zu lassen, den Vögeln oder den Wolken nachzuschauen und ihren Gedanken nachzugehen. Dabei ruhten ihre Stricknadeln keine Sekunde. Sie strickte im Sitzen, im Stehen und im Gehen.

Eine besondere Freude war es ihr, daß ich bei ihr in der Dachstube schlief. Es war dort jeden Abend dasselbe. Wenn wir im Bett waren, redeten wir noch eine Weile miteinander. Es fing vielleicht bei den Mohnkapseln mit ihren unzähligen kleinen Samenkörnchen an, aus deren jedem wieder eine Mohnpflanze wurde, wenn es nur auf den rechten Boden fiel; es ging dann über das Opium bis zum Kaiser von China, und wenn wir schon bei so jemand waren, vielleicht zum Kaiser Rotbart lobesam oder zum König von Württemberg, und am Ende kamen wir vielleicht bei den schönen Schmetterlingen heraus, die um die roten Mohnblüten flogen, und die im Jahr zuvor noch verfressene Raupen gewesen waren.

Das schöne allabendliche Spiel: Und dann? Und warum? hörte meist erst dann auf, wenn die Dote merkte, daß da einer über all seiner Naseweisheit eingeschlafen war.

Ich habe viele und gute Lehrer gehabt. Ich weiß aber nicht, ob ich bei einem von ihnen so viel gelernt habe, wie von ihr.

Schade, daß ein russischer Dichter einem Buch über solche und ähnliche Bildungsstätten den Titel gegeben hat „Meine Universitäten". Das hätte mir nämlich sonst als Überschrift über diesen und die folgenden Abschnitte nicht schlecht gefallen.

Auch die Mutter muß sich übrigens rasch eingelebt haben, denn sie habe schon nach ein paar Wochen gesagt, keine zehn Gäule brächten sie mehr in die Stadt hinein.

Natürlich, von den Leuten höre man mancherlei. Einer versaufe schon am Freitagabend in der Wirtschaft seinen halben Zahltag, einer habe im Zorn die volle Suppenschüssel nach seiner Frau geworfen, eine Frau lasse, obwohl sie den ganzen Tag daheim sei, ihre Haushaltung, aber auch die Kinder verdrekken und verwahrlosen, eine andere lüge, sobald sie das Maul aufmache, den Kindern einer Dritten sehe man schon von weitem an, daß sie nicht von ihrem Mann seien, und was die Leute sonst eben gern übereinander reden.

Am besten sei es, wenn man für sich bleibe, und wenn man zu allen Leuten freundlich sei. Die Bösartigen müsse man halt meiden. Es heiße, einem bösen Hund solle man einen guten Brocken geben.

Die meisten Sorgen machte sich die Mutter zunächst meinetwegen. Wegen der Kinder gebe es ja die meisten Händel in der Nachbarschaft. Ich solle deshalb ja kein Gassenbub werden und, das schärfte sie mir hundertmal ein, wenn ich schon aus dem Haus ginge, ja nicht weiter als mich die Großmutter sehen und als ich diese hören könne. Damit ist aber von einem, der erst so wenig Menschen kennt und der noch so viel entdecken muß, fast Übermenschliches verlangt.

Es muß ganz ordentlich und ohne gar zu viele Klagen gegen mich gegangen sein. Mehr Sorgen als mit mir mußte sich die Mutter bald der Großmutter wegen machen. Die war nämlich, was den Umgang mit Menschen anbetrifft, anderer Ansicht. Die Leute seien nicht dazu da, daß man einen Bogen um sie herummache, sondern dazu, daß man mit ihnen rede und geschirre und Nachbarschaft halte. Sie jammerte am Anfang manchmal, es sei arg, wenn man so in der Fremde sei und keinen Menschen kenne. Da sie aber zum Bäcker und in den Laden ging, dauerte es nicht lange, bis sie die meisten Frauen im Viertel kannte. Einmal sagte sie sogar, sie werde mit der Zeit schon auch ins China eine rechte Freundschaft hineinbringen.

Es ist verständlich, daß es der Mutter im Hinblick auf die da zu erwartenden Bemühungen angst und bange wurde.

Eigentlichen Verdruß hat es aber dann nur einmal gegeben. Das war damals, als sie an einem Freitagnachmittag in der China-Wirtschaft tanzte wie der Lump am Stecken.

Seit ich einmal nur mit dem Henkel in der Hand heulend vom Bierholen heimgekommen war — schuld war so ein ungeschicktes Geländer an einer

Staffel —, holte sie sich ihr Krügle Bier lieber selber. Man komme dabei auch an die Luft und man erfahre unterwegs doch immer wieder einmal etwas Neues. Ein hüpfender Frosch erwische mehr als ein hockender.

Um die Vesperzeit war kaum einmal jemand in der Wirtschaft, denn von außerhalb des Viertels kam selten jemand. An jenem Nachmittag aber saß da einer am Tisch, spielte Zither und zwei übermütige junge Kerle tanzten ungeschickt miteinander in der Stube herum. Als sie hereinkam, sagte einer: „O jetzt kriegen wir eine Tänzerin!“ Und noch bevor sie ihr Krügle hinstellen konnte, hatte er sie auch schon im Arm. Als der Wirt sie von dem Kerl befreien wollte, hielt sie ihm aber den Krug hin und sagte: „Laß nur!“ Und dann tanzte sie, daß dem Burschen fast die Luft ausging und daß der froh war, als der Walzer zu Ende ging. Die jungen Kerle hielten ja nichts mehr aus und Walzer tanzen konnten nur die wenigsten richtig. Sie führte ihn, wie nach einer Damenwahl schön an den Tisch, machte einen Knix, sah ihn an und sagte: „Burscht, du kommst mir erst noch bekannt vor.“ Dieser machte große Augen und platzte heraus: „Seid Ihr nicht die Dokkenfrau?“ Er war ein Zimmermann aus Lauingen, bei dessen Mutter sie ihr Quartier hatte, wenn sie dort auf dem Markt war. Den Burschen kannte sie schon von Kindesbeinen an. Er war jetzt mit den zwei anderen, einem Schuhmacher, der die Zither spielte, und einem Maurer, auf der Walz. Sie wollten dem Rheinland zu.

Er mußte dem Vater nachschlagen, denn die Mutter war eine gute, fast schüchterne Frau. Sie wußte noch gut, wie sie ihr einmal beim Markttanz immer wieder die Tanzlast mit dem Zimmermann abgenommen hatte. Damals war der da noch ein kleiner Bub gewesen, der an ihrem Marktstand stundenlang nicht von ihrer Hand gegangen war. „So werden aus Kindern Leute", sagte sie und: „Berg und Tal kommen nicht zusammen, aber d' Leut. Und jetzt bleib nur gesund und schreib einen Gruß heim von mir, und das Tanzen gehe immer noch."

Als die Mutter am nächsten Tag von dieser Geschichte hörte, wäre sie am liebsten in den Boden versunken. Es war schon schlimm, wenn sich eine Tochter von der Mutter vorwerfen lassen mußte, daß sie leichtsinnig sei. Umgekehrt wars aber hundertmal schlimmer.

Um ihre Aufregung zu begreifen, muß man noch wissen, daß das Tanzen in den Gemeinschaften der Stundenleute so verpönt war wie die Schelmenlieder. Und Tanzen an einem Freitag, so etwas sollte auch das ärgste Weltkind nicht tun, sei es, mit wem es wolle.

Die Großmutter mußte feierlich versprechen, daß sie so etwas nicht nochmals tue.

Auf alle Fälle hat das alles sehr dazu geholfen, daß

sich die Großmutter im China-Viertel schneller eingewöhnte als alle, die sie kannten, gedacht hätten. Man erzählt so etwas ja ausführlich hinüber und herüber, und danach wußten jetzt alle, daß sie nicht, wie manche am Anfang meinten, stolz sei.

Aber auch die Puppen haben das Ihre dazu beigetragen, daß die Großmutter bald im ganzen China-Viertel beliebt war. Es hatte sich nämlich rasch herumgesprochen, daß die Rummlerin auch die zerschundensten Püppchen herrichten könne wie neu, und daß sie ganze Kommodschubladen voll Puppen habe von allen Arten. Da sie viele lustige Geschichten wußte und kein Kind aus der Stube gehen ließ, ohne daß dieses in ihr Säcklein voll getrockneter Zwetschgen, Äpfel- und Birnenschnitze hatte hineinlangen dürfen, hatte sie oft die ganze Stube voll mit Kindern aus der ganzen Nachbarschaft.

Den Heiner mochte sie besonders gern, und so machte sie ihm einmal einen kleinen Heiner, wie er leibte und lebte. Aus dem Hosenboden schaute aus einem Riß ein Zipfel des Hemdes heraus. Man heißt bei uns einen solchen auf unvorschriftsmäßige Weise sichtbar gewordenen Hemdzipfel unerforschlicherweise ein Hemmedkälble. Und so hieß uns die Großmutter von da an ihre Hemmedkälbla, bis die Mutter einmal energisch fragte, ob sie denn ihre Lumpereien gar nicht mehr lassen könne. Sie werde scheints ihrer Lebtag nicht mehr gescheit.

IX.

DIE i-TÜPFELCHEN UND DAS ABC

Es wurde Herbst. Der Wald verfärbte sich prachtvoll. Dann kamen Stürme und bliesen das Laub den Berg herunter über die Häuser und durch die Straßen. Und einmal über Nacht wurde die ganze Welt weiß. Es kam ein Winter, wie ich mir seither keinen mehr denken kann. Man konnte nicht mehr über die Schneemauern hinwegsehen. Die Bahnschlitten fuhren den ganzen Tag.

Als der Winter zu Ende ging, mußte ich in die Schule.

Der erste Tag bleibt mir unvergeßlich. Ich sehe mich noch neben dem Pult stehen, die Schwester, die aus Mailand gerade zu Besuch daheim war, neben mir. Der Lehrer hatte einen kurzen rund gestutzten Bart am Kinn. Er schrieb meinen Namen und meinen Geburtstag auf, sah flüchtig über seine

Brillengläser geschwind zu mir her und fragte die Schwester, wo sie schaffe. Als er etwas von Mailand hörte, stand er auf und stieg herunter von seinem Podium. Das sei ja großartig, sagte er, da könne sie ihm einen großen Gefallen tun. In Mailand verliere sich nämlich die Spur des Nachkommen einer alten, bei uns ausgestorbenen, anderwärts aber fröhlich weiterblühenden Familie Zipperlen. Vielleicht könnte sie diesen Mann in Mailand ausfindig machen. Damit wäre ihm viel geholfen. Ich erfuhr erst später, daß dieser Lehrer eine zweibändige, sehr genaue Chronik unserer Stadt geschrieben hat.

Er fragte die Schwester, wann sie wieder fortreise. Er möchte ihr gern einen Brief an den gesuchten Herrn mitgeben. So kam es, daß er nach ein paar Tagen plötzlich zwischen das Buchstabenschreiben hinein fragte, wo denn der „Mailänder" sei. Da wir einen Fritz Mailänder in der Klasse hatten, hob der den Finger, worauf ihm Herr Meck einen Brief hinlegte und sagte, das sei der Brief für seine Schwester, er solle ihn in seinen Schulranzen tun und nicht vergessen, ihn gleich herzugeben. Adressiert war dieser Brief einfach an Monsieur Henry Zipperlen in Mailand, Italien, was der Fritz Mailänder natürlich noch nicht lesen konnte. Der wunderte sich vielleicht auch, was der Lehrer von seiner Schwester wolle. Aber in dem Alter denkt man über derlei Dinge ja noch nicht so viel nach, und so gab er den Brief, da die Schwester gerade nicht zu Hause war, seinem Vater. Es soll bei seiner Schwester Tränen gegeben haben. Sie wisse doch überhaupt nichts von einem Herrn Zipperlen oder von einem anderen Herrn. Sie war kaum sechzehn Jahre alt, und wenn Mädchen in diesem Alter sind, werden ihre Väter und Mütter oft schon bei dem Wort Herr unruhig, schon weil sie wissen, daß es leichter ist, einen Sack Flöhe zu hüten, als eine Sechzehnjährige. Und ein Monsieur und gar in Mailand, so etwas hätte dem alten Herrn Mailänder gerade noch gefehlt. Erst als dieser am nächsten Tag unseren Lehrer mit strenger Stimme fragte, was das eigentlich mit diesem Brief sei, klärte sich alles auf.

Mailänders Vater bestand aber energisch darauf, daß da nicht auf einmal einer, der gar nicht Mailänder heiße, Mailänder heiße. Das war einesteils gut, denn sonst wäre ich vielleicht der Mailänder geblieben, andererseits ärgerte sich Herr Meck natürlich. Er zupfte mich am Ohr und sagte, das nächstemal solle ich besser aufpassen, wenn er etwas frage.

Der Vater des Monsieur Zipperlen hatte in Lyon gelebt, der Großvater war Pastor in Courbevoir bei Paris gewesen und dessen Vater, der Medizinalrat Dr. Karl August v. Zipperlen, in Heidenheim geboren, war anno 1812 als Regimentsmedikus bei den württembergischen Jägern mit Napoleon nach Rußland gezogen, bei Smolensk und Moskau dabei gewesen, auf der Beresina-Brücke gefangen genommen worden, den Russen durchgegangen, um nachher mit dem württembergischen Kronprinzen bei Fère Champenoise gegen Napoleon zu fechten. Da also bis zu dem Monsieur Zipperlen viel Wasser die Brenz, die Beresina und die Seine hinuntergeflossen war, ist es verständlich, daß die Schwester den Monsieur trotz eifrigsten Suchens und trotz der Mithilfe ihrer Mailänder Herrschaft nicht ausfindig machen konnte. Unser Lehrer war aber in allem, was seine Chronik anging, unsagbar zäh und genau, was allen späteren Geschichtsschreibern sehr zustatten kam. So schwebte die Frage, ob immer noch nichts aus Mailand gekommen sei, ausgesprochen oder nicht, über den ganzen beiden ersten Jahren meiner Schulzeit. Und gegen die Stadt Mailand hatte ich eine Abneigung, bis ich später einmal nach ein paar schönen sorglosen Tagen nicht mehr wußte, was mir lieber war, der Dom aus weißem Marmor, der Corso Porta Venezia, die Piazza dei Marcanti oder der Wein in einer der kleinen verrauchten glückselig lauten Osterien.

Was unser Karl Kaspar Meck bei seiner Forschungsarbeit geleistet hat, ist mir erst dreißig Jahre später aufgegangen, als ich meinte, es könne doch keine Hexerei sein, wenn alles zusammenhelfen würde, alle, die einmal ausgewandert sind samt dem, was sie erlebt, erlitten und geleistet haben, nachzuweisen, und so zu dem großen deutschen Weltfahrerbuch zu kommen, das es bis heute noch nicht gibt. Ich habe damals Hunderte und aber Hunderte von solchen Briefen geschrieben wie den, den unser K. K., wie er in der ganzen Stadt hieß, an den Monsieur Zipperlen geschrieben hat.

Übrigens war Herr Meck nicht nur ein richtiger aufrechter Mann, vor dem alles Respekt hatte, wie vor den meisten Lehrern der damaligen Zeit, er war uns auch ein sehr guter Rechen-, Schreib- und Leselehrer.

Aus dem Rechenunterricht ist mir nur noch in Erinnerung, daß es mir am Anfang merkwürdig vorkam, daß er das einemal sagte, drei und vier sei sieben, und dann wieder zwei und fünf sei sieben. Ich muß aber bald begriffen haben, daß ich ihn da fälschlich der Lüge verdächtigte.

Vom Schreibenlernen weiß ich mehr. Es ist ja auch eine viel größere Plage, und es ist mit viel größeren Umständen verbunden.

Es gefiel mir keine Stunde, weil man Herrn Meck da gar nichts recht machen konnte. Es fing schon beim i an, mit dem die Schreiblehrer, glaube ich, in der ganzen Welt anfangen. Dabei wäre mir der o und der x tausendmal lieber gewesen, den i konnte ein jeder von uns sowieso schon schreiben. In allen Kulturvölkern bringen die Mütter ihren Kindern diesen steifen, einbeinigen Kerl ja zu schreiben bei, bevor diese eine Schulstube zu sehen bekommen. Bei den meisten bleibt dies aber leider einer der wenigen Beiträge, wenn nicht gar der einzige zur Aus- und Weiterbildung ihres Geschlechts. Da wir ihn also konnten, schrieben wir wie wild drauflos, als es hieß: „So, und nun fangen wir mit dem Schreiben an, und zwar mit dem i.“ Jeder wollte dem Nebensitzer vorausjagen. Aber es war bald aus mit unserer kratzenden grillenden Jagd auf der Schiefertafel.

Halt halt! hieß es. Alles auslöschen! Die Tafel ganz trocken reiben! So. Und dann kommt zuerst der Aufstrich und sonst gar nichts. Das war sein Ernst. Eine ganze Tafel voll auf, auf, auf, daß einem vor lauter aufwärts und hinauf ganz schwindelig wurde. Er ging mit einem großen Schwamm von Bank zu Bank und machte immer wieder witsch über die Tafeln hin, wenn der Strich zu dick oder zu dünn, zu kurz oder zu lang, zu flach oder zu steil oder auch, wenn er nicht bolzgerade, sondern vielleicht ein wenig nach oben oder unten gewölbt war. Du liebe Zeit! Allein die Länge. Da kam es ihm auf einen Mückendreck an. Wenn man nicht ganz genau und haarscharf an der oberen dünnen roten Linie bremste, war es schon nichts. Dann fuhr er einem mit dem nassen Schwamm an der Nase vorbei und löschte die ganze Seite aus, und wenn man schon in der letzten Reihe war, das war ihm ganz egal. So brachte mancher ein paar Tafeln voll Aufstriche zusammen.

Nicht einmal hinsitzen durfte man, wie man wollte. Was war nur das für ein Theater. Der linke Arm die linke Hand, wo gehören sie hin? Der rechte Ellbogen, wo liegt der? Wie weit ist die Nasenspitze von der Tafel weg? Immer wieder zog er einen, je nach der Jahreszeit, am Hemd oder am Kittelkragen in die Höhe. Immer wieder hieß es: „Du wirst krumm wie eine Baumwurzel oder du wirst blind, bis du einmal tausend Wochen alt bist.“ Oder: „Ihr kriegts auf die Lunge, wenn ihr herumhängt wie die Jünger am Ölberg.“

Allein die Stellung der Schreibfinger war schon eine ganze Wissenschaft. Ihr schwierigstes Kapitel war der Zeigefinger. Wo und wie sein Fingergipfele auf dem Griffel aufsaß, keinen Millimeter zu weit vorn und keinen zu weit hinten, etwas weiter vorn als das Daumengipfele, aber natürlich am Griffel viel weiter oben als dieses. Und dann die Hauptsache: In welchem Winkel das erste zum zweiten Fingerglied stand. Weh denen, die es durchdrückten, so daß der Winkel außen lag.

Das alles drehte sich nur um einen einzigen Strich, um einen von dreien. Der Abstrich hatte genau so seine Mucken, nur abwärts. Da es aber abwärts immer schneller geht als aufwärts, und da sich die Zahl der Unfälle mit der Zunahme des Tempos steigert, was heute jedermann weiß, passierte beim Abstrich viel mehr. Gemein war dann, daß man nochmals hinauffahren mußte, wenn man am liebsten aufgeschnauft hätte, weil man glücklich unten war. Und wie hinauf! Keine Idee steiler als mit dem ersten Strich. Kein Jota weiter. Es dauerte lange, bis unser Lehrer mit allen drei Strichen bei allen 64 Buben halbwegs zufrieden war.

Ein Außenstehender macht sich keinen Begriff davon, was wir bis hierher geleistet haben und durchzuhalten hatten, und ich wundere mich heute gar nicht mehr, daß es sehr viele sehr tüchtige Männer gibt, die lieber einen Meter Holz sägen oder einen Haufen Steine klopfen würden, als eine Feder einzutunken.

Aber von Federn war ja bei uns noch lange keine Rede. Das wurde später noch ein ganz besonderes Kapitel. Wir waren ja mit dem Griffel noch nicht einmal bei der Hauptsache am ganzen i, bei dem Tupfen oben drüber. Ich sagte mit Fleiß nie Tüpfele, wie man sonst bei uns sagt, weil ich so nur zu etwas gesagt hätte, was ich gern mochte oder halbwegs leiden konnte. Ich konnte diesen Tupfer aber nicht verputzen.

Erstens sah ich nicht ein, warum er gerade oben drauf sein mußte. Man hätte ihn doch genau so gut auch unten hin setzen können. Und dann sah ich nicht ein, warum man den Tupfen nicht ein bißchen weiter nach links oder nach rechts, hinauf- oder heruntersetzen durfte, warum er genau auf der geistweisen Verlängerung des Abstrichs nach oben und auf dieser Verlängerung wieder genau halbwegs zwischen den beiden roten Linien sitzen sollte. Da war der K. K. ganz genau. Ich habe nie mehr einen Menschen getroffen, der so hartnäckig auf einer Sache bestanden, der seinen Kopf mit solchem Eigensinn durchgesetzt hat.

Da ich eine Wut auf den Tupfen hatte, wurde er eben auch kein Tüpfele, sondern ein grober Punkt. Mit so einer Schrift, sagte unser Lehrer einmal, könne einer nie ein Zeichner oder Graveur auf der Manufaktur oder ein Kalkulator oder Meister beim Voith werden, höchstens ein Schlosser oder ein Grobschmied. Etwas anderes wollte ich ja auch nicht werden, und so gab ich mir auch weiterhin mit der umständlichen Schreiberei keine besondere Mühe.

Einmal wollte ich meine Wut auf unseren Lehrer auf eine ganz besondere Weise hinauslassen. Ich schreibe jetzt einfach zum Possen auf morgen alle i von hinten herein, dachte ich. Ich merkte aber bald, daß dies noch schwerer war und daß sie dann gleich gar nichts wurden.

Aber mit etwas anderem habe ich ihn dann doch einmal hereingelegt. Ich habe die ganze Tafel voll i geschrieben, aber alle ohne Tupfen. Am Schluß habe ich sie dann alle in einem Zug draufgesetzt. Das ging viel rascher, und es war mir so viel lieber. Aber das durfte ich nur tun, wenn es niemand sah. Von da an ist mir eine gewisse Vorliebe für rationelle Arbeitsweisen geblieben.

Ich muß der Ehrlichkeit halber aber noch sagen, daß ich auf den ganzen i auch deshalb nicht gut zu sprechen war, weil ich mich mit ihm vor der Großmutter einmal schrecklich blamiert habe. Ich hatte nämlich meine Tafel wieder einmal damit vollschreiben müssen. Ich habe geschrieben, so schön ich konnte. Am Morgen mußte ich immer nochmals nachsehen, ob alles im Ranzen war, ob die Tafel vor allem vorschriftsmäßig zwischen zwei Pappdeckeln steckte. Ich zog sie an jenem Morgen nochmals heraus, legte sie auf den Tisch, um mein Werk nochmals zu betrachten. Und da war ich entsetzt. Ich begann zu heulen. Ich wüßte ganz bestimmt, daß ich die i-Tupfen alle oben drauf gemacht hätte! Und nun wären sie alle unten.

Als ich dies der Großmutter sagte, lachte sie spöttisch. Das brachte mich so in Aufregung, daß ich etwas sehr Böses tat, daß ich mit der Faust nach ihr stieß. „Narrenkasper“, sagte sie da, „dreh halt die Tafel herum, wie sie hingehört!“ Und da waren in der Tat die Dinger wieder oben drauf.

Man nimmt es heute mit dem i und mit manch anderem nicht mehr so genau. Die bolzgeraden Auf- und Abstriche, die scharfen Ecken sind nicht mehr nach dem Geschmack der Zeit. Man läßt beim Schreiben jedem seine Freiheit, schon weil, wie es heißt, die Schrift ein Spiegel des Charakters sei und der ist bei jedem Menschen bekanntlich wieder anders. Von so etwas wollte unser Schreiblehrer nichts wissen. Man müsse schreiben, daß andere es lesen könnten, meinte er. Auf dem Gebiet ging er nicht mit der Zeit. Um so moderner war er in seiner Lesemethode. Das bekam ich schon bald zu fühlen.

Mit i, o, e, u in der Fibel war das ja kein Problem. Wie hätte man denn zu denen sonst sagen sollen? Anders wurde es, als es mit b, g, h und dem Zeug losging. Ich sehe den kräftigen Mann in seinem soliden sauberen dunklen Anzug, mit der Perle in der Krawatte, mit der dicken goldenen Uhrkette über seinem Bauch heute noch vor mir stehen, als wäre es gestern gewesen, und mit leicht aufplatzenden Lippen, denen wir ganz genau zusehen mußten, b sagen, daß man es nicht einmal in den vorderen Bänken recht hören konnte. b und nicht wie mancher vielleicht denken wird: be. Der heiße b und sonst gar nichts. Ein anderesmal stand er am Fenster, hauchte dagegen, vielleicht zehnmal hintereinander: h, h, h, und wir sollten uns bloß nicht einfallen lassen, zu diesem Haucher ha zu sagen, wie man meistens zu dem sage. Das sei der h und nichts anderes. Es kam mir kindisch vor, wie der ernste

Mann mit seinem Bart dastand und hauchend h sagte.

Die Großmutter setzte sich, wenn ich lernte, gern neben mich. Sie hatte auch viel Geduld. Als ich aber anfing zu lesen: b, b, h, h, stieß sie mich in die Seite, lachte und sagte: „Jetzt sei nur so gut, warst doch seither noch normal, wie heißen die?“ Und als ich eben nochmals fast unhörbar blasend und hauchend b und h und h und b sagte, schüttelte sie den Kopf. „Sag mir bloß, wer euch so etwas Dummes beigebracht hat?“ Als ich es ihr sagte, meinte sie, ich habe da jedenfalls wieder einmal nicht aufgepaßt. „Auf alle Fälle merkst du dir, daß das hier der be und der da der ha ist. Und damit basta.“

Und so las ich, was mir eigentlich auch viel mehr einleuchtete, nun laut und kräftig be und ha und ha und be, in buntem Durcheinander, wie es dastand. Und da sie mir im Flug weiterblätternd gleich auch die nächsten Buchstaben zeigte — sie konnte das langsame Herumgedreckel nie leiden — kannte ich ums Hinumsehen auch g und d, sogar den m und n, obwohl man da den e vorn hintat.

Auf einer Seite war ein Bild, das es mir besonders angetan hatte. Es zeigte juchzende badende Buben, die einem anderen in der Ferne Zeichen machten, auch ins Wasser zu kommen. Diese Seite nahm ich, etliche andere mutig überspringend, und fing dort an zu lesen. Es ging gut und mit be und de und ge und ha, mit em und en war die Großmutter auch sehr zufrieden. Aber bei der jubelfrohen Unterschrift: He! Baden! schüttelte sie den Kopf und tupfte mit ihrem Zeigefinger an die Stirn, obwohl ich genau nach ihrer Anweisung gelesen hatte: ha-e! be-a-de-e-en! „Hör auf! Ist bloß gut, daß es niemand hört. Was liest denn du da für einen Papp zusammen?" Sie sagte das halt, so wie wir das sagen und sie ahnte nicht, daß sie da unbewußt die Hauptschwierigkeit der ganzen Lesekunst geahnt hatte: das richtige Zusammenlesen, oder sagen wir ruhig Zusammenpappen der Laute, die da durch seltsame gedruckte Zeichen versinnbildlicht wurden. „Jetzt tust dein Buch weg, jetzt ists genug für heut. Ich bin bloß froh, daß ich kein Schullehrer bin."

Mir war daraufhin verworren zumut und die Leserei war mir ziemlich verleidet. Es sollte aber am nächsten Morgen in der Schule noch schlimmer kommen. Ich las, langsam und deutlich, wie es mir eingeschärft war: „be, ha, de, be . . . ", als vom Pult her ein scharfes und kräftiges Halt! ertönte. „Sei bloß still, du verdirbst mir alle andern. Du lernst das Lesen deiner Lebtag nicht!" Und da stand er schon neben mir, packte mich an der Schulter, schüttelte mich, zog mich ans Fenster und fragte, ob er da nicht oft genug dran hingehaucht und jedesmal h gemacht habe. Ich sagte in meiner Not: Die Großmutter hat es doch so gesagt!" — „Dann sagst der

Großmutter einen schönen Gruß von mir. Sie soll Docken machen, mir aber soll sie nicht ins Handwerk pfuschen." Ich richtete ihr dies natürlich aus. Daraufhin habe ich sie eigentlich das einzigemal wirklich böse gesehen.

Es war zu meiner Schulzeit nicht üblich, daß Eltern oder gar Großeltern und Tanten zu den Lehrern in die Schule liefen. Aber das, was der Schullehrer aus Oggenhausen, wo er herstammte, da hatte ausrichten lassen, war der Großmutter zu viel. Anstatt daß so einer froh war, wenn man sich um die Kinder annahm und sie nicht auf der Wildbahn gehen ließ! So zog sie am nächsten Morgen ihren schönsten Staat an. Als es an die Schultür klopfte, erschrak ich, denn ich kannte sie schon am Anklopfen. Zum Glück kam sie nicht ins Schulzimmer herein, ich wäre sonst zum Gespött bei den anderen geworden.

Ich weiß nicht, was unser K. K. mit ihr gesprochen hat. Er blieb lange draußen. Überzeugt von der Richtigkeit seiner Lesemethode scheint er sie nicht zu haben, denn am Abend, als auch die Mutter und die Dote mit am Tisch saßen, sagte sie, sie wisse wohl, daß man jetzt nichts mehr gelten lasse, was früher etwas gegolten habe. Daß aber heutzutage nicht einmal der be mehr der be sei und der ha der ha, das hätte sie doch nicht gedacht.

Übrigens ist mir zu meiner Freude der handgeschriebene Namenszug meines ersten Lehrers viermal erhalten geblieben, klarlinig und wie gestochen, lesbar für jedermann und doch charaktervoll. Ich meine wenigstens, selbst aus den wenigen Linien seines kurzen Namens und der beiden Anfangsbuchstaben seines Vornamens die ganze unerbittliche Unnachgiebigkeit des Forschers, Chronisten und Elementarlehrers K. K. Meck herauslesen zu können.

Erhalten sind mir diese liebwerten Schriftzüge in meinem kleinen roten Zeugnisheft. Es hat nur ein paar Blätter, denn sieben Jahre Volksschule sind nicht viel. Dieses Heftchen ist mir aber wichtiger als all meine anderen Dokumente und Urkunden, wichtiger auch als all das, was acht Tage vor dem Ende des Krieges auf einem alten schwäbischen Schloß verbrannt ist, wohin es zur Sicherung aus der Stadt heraus verlagert worden war: die Bilder und Bücher mit vielen Widmungen darin, die Beduinenteppiche und der Totenkrug aus der Inkazeit, ein Geschenk der peruanischen Regierung, die Steine und Schmetterlinge aus Brasilien, ein Originaldruck des ersten Protestes gegen die Sklaverei in Amerika, in lateinischer Sprache verfaßt von Franz Daniel Pastorius in Germantown bei Philadelphia, die erste in Amerika gedruckte Bibel, in deutscher Sprache gedruckt, die Sammlung von über 50 000 Briefen von Ausgewanderten aus allen Zeiten, Ländern und Lebenslagen und weiß Gott wie viel anderes.

In dem kleinen roten Zeugnisbüchlein, das in meiner Schreibtischschublade liegt, ist genau notiert, was meine Lehrer Meck, Mayer, Widmann und Dongus in den sieben Schuljahren von mir gehalten haben, vom Fleiß und Betragen über die Biblische Geschichte, das Memorieren, den Aufsatz, das Rechtschreiben, das Rechnen, die Geographie, die Geschichte und die Naturlehre, bis zum Singen, Zeichnen und Turnen hin. Dann war unten in einer klipp und klaren Zahl noch angegeben, der wievielte man unter wie vielen war. Über dieser Zahl sind der Mutter vor Freude die Tränen heruntergelaufen, als ich dieses rote Büchlein zum erstenmal heimgebracht habe.

Ich habe mich in meinem Leben viel gegen den Eintrag dieser Zahl in die Zeugnishefte verstritten. Aus Mitgefühl für die Letzten, denen diese Platzierung ein Leben lang angehangen ist. Aber man hat natürlich ziemlich genau gewußt, woran man war, was man bei den heutigen Zeugnissen nicht gerade sagen kann. Denn Begriffe wie befriedigend, ausreichend und mangelhaft sind doch sehr unbestimmt. Es läßt sich immer sagen, daß die anderen noch schlechter seien, daß es befriedigend bei dem Lehrer kaum gebe, da der nie mit etwas zufrieden sei, daß ausreichend doch ausreiche und mangelhaft — ja nun, welcher Mensch hätte nicht in dem und jenem seine Mängel und wo wäre ein Schüler denkbar, dessen mathematische oder fremdsprachliche Kenntnisse nicht noch da und dort kleine Mängel aufwiesen, also mangelhaft wären?

Übrigens stand vor dieser Zahl und ihrer Vergleichszahl ein Wort, das ich fast nicht zu sagen wage, das zugleich die mannigfachen Wandlungen erkennen läßt, denen die Sprachen ausgesetzt sind, das Kommen und Gehen, die Aufwertung und Abwertung der Wörter. Ich will das Wort trotz aller Bedenken sagen, denn ich kann ja schließlich nichts dafür, daß das Wort für Platz lateinisch eben locus heißt.

Nun, dieser Platz ist mir ganz gewiß nicht das Wichtigste in meinem Zeugnisbüchlein, zumal das Leben die Menschen nachher oftmals ganz anders einrangiert, wenn es auch nicht so ist, daß schon auf dieser Welt, wie manche etwa im Hinblick auf Zeugnisse berühmter Männer behaupten, die Letzten immer die Ersten werden. Das Wichtigste ist mir die zwölfmalige Unterschrift meiner Mutter. Es ist mir außer diesen Unterschriften nicht eine einzige Zeile von ihrer lieben, fleißigen Hand geblieben, die mir außer beim Kämmen nur ganz selten einmal über die Haare gefahren ist.

X.

ALS MAN NOCH AUF DEM LAUBSACK SCHLIEF

Die ersten Ferien meines Lebens waren auch meine schönsten, meine allerschönsten. Ich warf den Schulranzen in die Ecke zwischen dem Sofa und der Wand, daß es klapperte. Ich riß mir die Schulhosen förmlich vom Leib und zog meine alten an. Ich rannte die Treppe hinunter und wieder hinauf bis in unser Stüble, ich drückte dort das Gesicht in die Bettdecke und sagte: „Aber morgen stehe ich nicht so bald auf." Dann juchzte ich die Treppe wieder hinunter, machte im Hof auf dem harten Boden einen Purzelbaum, stieg über das Zaunkreuz in Heiners Hof, kletterte an seinem Treppengeländer hinauf anstatt die Staffel hinaufzugehen, wie es sich gehört. Ich packte ihn, den viel Stärkeren, mitten in seiner Stube und fing mit ihm zu raufen an. Ich wußte nicht, was ich vor Glück alles tun sollte. Keine Schule, kein Schulranzen, keine Tafel, keine Fibel, keine Hausaufgaben! Der Schmittenberg, der Wald, Baden in der Brenz, Stelzenlaufen, durch die ganze Stadt mit dem Reif rennen, den man mit einem Prügele antrieb, mit der Peitsche knallen, in die Himbeeren gehen, auf unseren großen Buchenbaum sitzen, Eidechsen und Schmetterlinge fangen! Man wußte nicht, an was man zuerst denken sollte. Es stand mir eine wunderbare Zeit bevor.

Sie wurde noch viel schöner als ich gedacht hatte. Die Großmutter sagte schon am ersten Abend, sie wolle dieser Tage auf eine Woche oder so auf die Schafhöfe gehen. Wenn ich mitwolle, dürfe ich mit. Ich wollte freilich mit. Die Mutter atmete auf, denn ihr war angst vor der langen Vakanz, in der die Buben manchmal ganz verwilderten.

Es wurde schon eine schöne Tour für mich mit meinen kleinen Barfüßen. Da ich mich daheim aber groß gemacht und behauptet hatte, da sei doch nichts dabei, ich könne auf die Schafhöfe hinauf und wieder zurücklaufen an einem Tag, obwohl ich keine Ahnung hatte, wo diese Höfe waren, durfte ich mir nichts anmerken lassen. Ich lief immer wieder ein Stück voraus, aber nur so weit, daß ich die Großmutter gerade noch sehen konnte. Sie lobte mich, ich laufe ja wie ein Wiesele. Das war einesteils natürlich auch keine besondere Kunst, ich hatte ja kein Gepäck, gar keines. Ich hatte nur dabei, was ich auf dem Leib trug, und das war wenig: eine kurze Hose, ein Hemd und ein leichtes Sommerkittele. Wenn das Hemd dreckig sei, könne die Großmutter es ja über Nacht geschwind herauswaschen, hatte die Mutter gemeint. Nachthemden und derlei vornehme Dinge kannten wir nicht. Trotzdem hatten wir keine Kleidersorgen. Meine einzige war die, daß die Mutter die Hosen alle viel zu lang machen ließ, zum Hineinwachsen. Dafür war sie auch bei den Schuhen, von denen sie mir bei dem Schuhmacher Kölle all paar Jahr ein Paar anmessen ließ. Auch da meinte sie, was leer stehe, weine nicht.

Von Heuchlingen aus konnten wir mit dem Milchfuhrwerk vollends auf die Schafhöfe fahren, wo man, wie uns der Knecht sagte, schon lange auf die Großmutter wartete, es sei viel Näherei und Flickerei da, und ihnen sei es recht, daß sie komme, denn die Bäuerin könne sich jetzt mit dem Kochen sowieso nicht abgeben.

Das war das erstemal, daß ich auf einem Fuhrwerk saß, neben dem Fuhrmann, an einem schönen Sommerabend, und zwischen goldgelben Fruchtfeldern und Obstgärten in eine unbekannte Welt hineinfuhr.

Es war gut, daß ich sehr müde war. So spürte ich in der dumpfen niederen Kammer, in der wir auf Strohsäcken schliefen, das Heimweh nicht so sehr.

Trotzdem mußte mir die Großmutter versprechen, daß wir am nächsten Morgen wieder heimgingen. Am Morgen war dann ein Wurf Ferkel da, und die Großmutter vermochte, mich mit der Heimreise auf den Abend zu vertrösten, und weil es da dunkel war, auf den nächsten Morgen und so eine ganze Woche lang.

Daß ich es gleich sage: Wir blieben fast drei Wochen auf den Schafhöfen. Und das war fast noch zu wenig für einen, der noch keinen richtigen Kleeacker gesehen hatte und keinen hochbeladenen Garbenwagen, keinen Kuhstall, kein Schwein, kein Fohlen, kein Kälbchen, kein Schwalbennest; wenn man jeden Morgen mit in die Molkerei fahren, auf ein Pferd sitzen, mit Hunden, Katzen, Lämmchen und Zicklein spielen, wenn man den ganzen Tag mit dem Schäfer auf der Weide bleiben und in der Mittagshitze in den Pferchkarren liegen, wenn man am Sonntag mit in den Taubenschlag hinaufsteigen durfte; wenn man helfen mußte, Wasser zu pumpen, das Vieh zu tränken und Futter zu schneiden; wenn es jeden Tag etwas zu sehen gab, was man noch niemals gesehen hatte: Sichel und Sense, Wetzstein und Dengelhammer, Pferdegeschirr und Ochsenjoch, wenn man Most trinken und Butterbrot essen konnte so viel man wollte.

Ich habe in diesen drei Wochen mehr gesehen und erlebt und Schöneres und Bewegenderes als später auf Reisen durch große Länder und ganze Erdteile. Das Schönste aber kam am letzten Tag, vom Heimkommen abgesehen, das ja an jeder Reise das Allerschönste ist.

Wir konnten auf einem Fuhrwerk nach Bolheim mitfahren, und dort wollten wir noch eine Nacht bei den Bahnwärtersleuten Station machen. Die Bahnwärtersfrau freute sich über unseren unverhofften Besuch in dem ziemlich weit vom Dorf an der Bahnlinie gelegenen einsamen Bahnwärtershäusle so von Herzen, daß sie einmal übers anderemal sagte: „So a Freud, nei, so a Freud!“ Sie holte uns als erstes zwei große Schüsseln saure Milch und schnitt uns Ranken Brot dazu herunter wie für einen Drescher. Der Bahnwärter war auf der Alb zum Ernten, und so versah sie seinen Dienst.

Es war sicher gegen die Dienstvorschrift, daß sie mir, bevor der Abendzug nach Ulm vorbeifuhr — er hielt wie die meisten Züge nur an den rechten Bahnhöfen an —, das Signalhorn umhängte, die Bahnwärtersmütze aufsetzte, daß sie mich die Schranken herunterdrehen ließ, daß sie mich dann am vorgeschriebenen Platz neben sich postierte, und daß sie mir rasch noch zeigte, wie ich mit der Hand an der Mütze salutieren mußte, wenn der Zug vorbeifuhr. Schon kam er. Ich gab mir einen Ruck, stand stramm, legte die linke Hand vorschriftsmäßig ans Horn und grüßte, als hätte ich in meinem Leben nichts anderes getan. Als die Lokomotive an uns vorbeiraste, erschrak ich aber doch sehr, fast hätte mich der Windzug umgeworfen. Der Lokomotivführer winkte herunter, lachte und rief etwas. Man verstand es aber in dem Ratterlärm und in dem Gebraus nicht.

Nachher ging ich mit den Kindern, zwei Buben und zwei Mädchen, von denen eine in meinem Alter war, um ihre Ziegen zu holen, die irgendwo am Bahndamm an langen Stricken angebunden waren. Wir liefen natürlich droben zwischen den Schienen, jetzt kam von nirgendwoher mehr ein Zug. Liefen ist falsch gesagt: wir sprangen von Schwelle zu Schwelle. Wie leicht die Bahnwärterskinder dahinflogen! Man mußte jedesmal schon einen ziemlichen Sprung machen und man mußte aufpassen, daß man richtig mitten auf die Schwelle trat. Einmal war mein Schritt zu klein, ich sprang auf die scharfen Steine und knickte ein wenig zusammen. Da nahm mich das gleichaltrige Mädchen an der Hand und zog mich neben sich her. Das gefiel mir nicht. Aber die anderen waren schon weit voraus, und so konnten sie es ja nicht sehen.

Später hätte ich mich von ihr gern an der Hand nehmen lassen, denn sie wurde eines der schönsten und freundlichsten Mädchen der ganzen Gegend. Aber sie fand einen Besseren als mich, einen, der sie mit nach Amerika genommen und der ihr dort ein schönes Haus an einem großen hellen See gebaut hat, in dem sich die Schneeberge spiegeln. Als wir nach vielen Jahren dort einmal an einem milden Herbstabend auf der Terrasse saßen und uns in den Schaukelstühlen wiegten, sagte sie: „So schön wie das Gautschen daheim auf der Schaukel zwischen den beiden Zwetschgenbäumen ists natürlich nicht. Weißt du's noch?" Wie hätte ich das vergessen sollen, wo sie mich auf dieser Schaukel, die nichts anderes war als ein auf ein starkes Seil gelegtes kleines Brettchen, seinerzeit angeschuckt hatte, daß ich mit den Füßen bis an die grünen Zwetschgen hinaufgekommen war! „Weißt auch noch, wie wir über die Schwellen gesprungen sind?" Als ich nickte, stand sie auf und winkte mir, ihr zu folgen. Wir gingen miteinander auf einem schmalen Weg zwischen eingezäunten Weiden hindurch. Auf einmal standen wir an einem Bahngleis, das durch einen schönen Wiesengrund ging. „Da muß man aber barfuß sein. In den Schuhen rutscht man so leicht aus." Da hatte sie schon einen Schuh und einen Strumpf ausgezogen. Ich war wie damals wieder viel langsamer als sie. Aber schließlich lagen auch meine Schuhe und Strümpfe im Gras. Sie nahm mich an der Hand und nun gings los, von Schwelle zu Schwelle. Da ich inzwischen mancherlei Sport getrieben, da meine Beine auch um ein beachtliches Stück gewachsen waren, hatte diesesmal ich die Führung. Ich trat auch nicht ein einzigesmal daneben.

Und nun hatte ich sie doch nochmal an die Hand bekommen!

Wie weit wir gelaufen sind, weiß ich nicht mehr. Ich weiß nur noch, daß es mir so warm und wohlig zumute war, wie damals im Bahnwärtershäusle in Bolheim.

Als wir dort an jenem Abend die Geißen im Stall hatten, klatschte die Bahnwärterin lustig in die Hände und sagte: „So, nun aber schnell ins Laub!" Ich spitzte die Ohren. Was sollte das heißen? Stand mir vielleicht nochmals eine Überraschung bevor? Man war bei der Bahnwärterin keinen Augenblick vor einer neuen Freude sicher. Ich dachte an das Laub im Wald. Aber dorthin war es doch ziemlich weit und es wurde auch schon dunkel. Nein, diesesmal meinte sie etwas ganz Gewöhnliches, nämlich, daß es nun Zeit ins Bett sei. Aber in diesem kleinen Häuschen wurden einem auch die gewöhnlichsten Dinge zur Freude.

Auf der Schwäbischen Alb wachsen die Buchen höher und schöner als irgendwo sonst. Wenn das Laub nach den ersten Stürmen so um Martini und um die Kirchweih herum fußhoch auf dem Boden lag, gingen die ärmeren Leute und alle, denen es am Stroh gebrach, mit Laubsäcken und Rechen hinaus in den Herbstwald. Man rechte dann vorsichtig die oberste trockene Schicht auf große Haufen, und wenn genug beieinander war, fing man an, die langen Säcke zu stopfen. Man legte sie, wenn sie ein Stück weit herauf voll waren, auf den Boden, legte sich auf den Rücken, schlüpfte mit den Beinen in den Sack, hielt ihn oben fest und stampfte, so fest man nur konnte. Nachfüllen, stampfen, nachfüllen, stampfen. So ging es, bis der pralle Sack ganz hart und voll war und zugebunden werden konnte. Es konnte eines leicht zwei solcher zusammengebundener Säcke auf dem Rücken heimtragen. Hinter dem Haus oder auf einer benachbarten Wiese wurde das Laub noch ein paar Tage ausgebreitet, damit es ganz trocken und rösch wurde, und dann wurde es wieder zusammengerecht und in die frisch gewaschenen Bettsäcke gefüllt. Das wurden dann ganze Bettwolken, hoch und rund und weich. Sie wurden einfach auf Querbretter in den Bettladen gelegt und mit einem Leintuch überzogen. Wenn der Laubsack wieder frisch gefüllt war, mußte man wirklich ins Bett steigen. Auch ich mußte das an jenem Abend tun, an dem ich zum erstenmal auf dem Laubsack schlief, wenn er auch nicht frisch gefüllt, dafür aber umso kräftiger aufgeschüttelt worden war. Die Buben hatten mir zum Spaß ein kleines Leiterchen ans Bett gestellt. Sie schliefen zu zweit im anderen Bett, der eine unten, der andere oben. Wir lachten so sehr, daß wir gar nicht merkten, wie die Bahnwärterin in die Zwergenkammer hereingekommen war und nun lachend zusah, wie ich mich in meinen Laubsack hineinwühlte. Sie legte jedem noch eine gelbe Rübe auf die blau-rot karierte Bettdecke, und schon hörte man es knabbern wie in einem Hasenstall. Am nächsten Morgen mußte ich mich in meinem Bettgebirge zuerst besinnen, wo ich war. Ich fand mich dann in einem äußerst bequemen warmen Gräbele liegend. Zum Aufstehen brauchte ich das Leiterle nicht mehr.

Die Großmutter war schon marschbereit, als ich das steile, enge Treppchen herunterkam. Es war mir leid, ich wäre so gerne noch dageblieben!

XI.

DREI WELTEN

Die ersten Ferien gingen vorüber wie das erste Schuljahr vorüberging und auch das zweite und das nächste. Die Großmutter hat den Weg auf die Alb hinauf noch ein paarmal unter die Füße genommen. Die Nachbarn schüttelten manchmal die Köpfe, wenn sie sie wieder fortmarschieren sahen mit ihrem schwarzen Körbchen in der Hand. Wenn sie die Dote dann darauf ansprachen, sagte diese, da könne man nichts machen, wenn es über die Großmutter komme, müsse sie hinaus, und da müsse man sie laufen lassen. Sie sage, man müßte ja verschnurren und verhutzeln, wenn man nicht hinauskäme aus seinen vier Wänden. Auf ihrer letzten Tour auf die Schafhöfe ist sie auf dem Heimweg, keine hundert Meter von unserem Haus entfernt, zusammengesunken. Ihr Herz ist mit einem Schlag stehen geblieben.

Von nun an war ich den Tag über ganz mir selbst überlassen. Es wäre unehrlich, wenn ich nicht zugeben würde, daß mir dies zunächst nicht unlieb war. Da wir uns inzwischen auch an die Schule mit all ihren Lästigkeiten und Behinderungen gewöhnt und vor allem unsere Gedanken auch wieder für andere Dinge frei bekommen hatten, da unser Erkenntnisdrang, unsere Erlebnislust, unsere Sehnsucht dorthin, wo etwas los war, in diesen Jahren gewaltig zugenommen hatten, fing für uns die Eroberung der Welt jetzt erst richtig an. Und da war es besser, wenn von den Erwachsenen niemand dabei war. Es blieb einem dann viel Aufregung erspart.

Die Welt — eigentlich gab es für uns jetzt drei Welten. Die erste war das Haus von der Bühne bis zum Souterrain, die zweite waren Feld und Wald und die dritte waren die Fabriken.

Die Eindrücke und Erlebnisse überstürzten sich nun, so daß ich nicht weiß, wo ich anfangen und aufhören soll. Bleiben wir vielleicht zunächst im Haus, in dem mir jetzt alle Türen offenstanden.

Am liebsten war mir die Bühne. Nichtschwaben sind, wenn sie zu uns ins Land kommen, am Anfang immer sehr erstaunt, daß es da in jedem Haus eine Bühne gibt. Sie merken aber bald, daß dies durchaus nichts mit besonderer Theaterleidenschaft zu tun hat. Meine Mutter ist ihrer Lebtag in keinem Theater gewesen, aber auf ihrer Bühne fast jeden Tag.

Etwas vom Wichtigsten auf der Bühne war Großmutters hölzerner Marktkoffer, zumal wir wußten, daß darin neben allerlei kleinem Marktkram wie Pfeifchen und Peitschen, Mundharfen, Puppenkleidern, Schürzen, Schuhen, Spiegeln, Puppenmöbeln und Puppengeschirr aus Ton, Pfannen und Kesseln aus Kupfer auch noch ein ganzes Stößlein farbiger Zuckerstangen liegen mußte. Als wir so weit waren, daß wir den Koffer auch ohne Schlüssel aufbrachten, waren diese allerdings zu einem mißfarbenen Brokken zusammengeschmolzen. Auf den Bühnen ist es im Sommer heiß. Wir zerschlugen den Brocken aber mit einem Hammer und schleckten ihn in ein paar Tagen auf, ohne Schaden an unserer Gesundheit zu nehmen. Man hält als Bub viel aus.

Es war aber nicht nur Großmutters Marktkoffer. Da war auch eine ganze Kiste voller Bücher und ganze Jahrgänge gebundener Zeitschriften, von denen mir die Meggendorfer Blätter, die Gartenlaube, das Neue Universum, vom Fels zum Meer heute noch in Erinnerung sind. Manchmal sahen wir stundenlang die Bilder dieser Illustrierten von damals an, manchmal las ich allein unter dem kleinen Fenster im Dach halbe Tage lang in den Büchern und in den großen Zeitschriftenbänden, in denen im Gegensatz zu heute der Text ein Vielfaches der Bilder ausmachte. Einmal las ich dem Heiner, der auf dem staubigen Boden auf dem Rücken lag, indes ich auf dem Bauche liegen mußte, daß mir alle Rippen weh taten, einen ganzen Roman vor. Er regte mich dabei auf. Immer wieder sagte er: „Lies doch schneller" oder „überhopf doch das mit der schönen Gegend, daß es weitergeht, brauchst doch bloß nach dem Wort plötzlich zu gucken", oder „Mensch, den hätte ich die Treppe hinuntergeschmissen" oder „da hätt ich bloß dabei sein mögen, dann wärs anders ausgegangen!"

Dann stand nun auch Mutters Kommode auf der Bühne. Die Schubladen waren voll bis oben hin mit Stoffsachen, Kleidern, Schürzen und Tüchern, die uns bei unserer Seiltänzerei und bei dem Zirkus, den wir einmal am Schmittenberg aufgebaut hatten, und in den der Eintritt fünf Pfennig kostete, gute Dienste taten. Es gab aber auch Zinnteller und kupferne Gugelhopfmodel, Kannen, Bettflaschen, Lichtputzscheren, Springerlesformen, Tassen, Kerzenhalter und anderen Kruscht darin. Mit all dem könnte man heute ein Sündengeld verdienen, wo die Menschen auf einmal wieder — ich weiß nicht, wie ich es richtig sagen soll — altmodisch werden möchten oder Heimweh haben nach der alten Zeit.

In der obersten Schublade lag ganz unten unter den Stoffsachen ein gemaltes Bild. Es stellte einen Mann dar, der eine breite, vielfach gefältelte Halskrause trug und einen großen Hut auf hatte. Es könnte ein Ratsherr oder ein Bürger von früher gewesen sein. Das Bild sei übrig geblieben und herumgestanden, als die Dame, bei der die Großmutter als sehr junges Mädchen in Stellung gewesen war, ihren Haushalt aufgelöst, das meiste verkauft und das andere verschenkt habe und weggezogen sei. Das Bild habe für sie ja keinen Wert gehabt. Aber wegwerfen oder verbrennen, das habe sie auch nicht übers Herz gebracht. Da hätte ihr der Mann mit dem schönen Spitzbart leid getan. So habe sie den Holgen eben immer wieder mitgenommen; wenn ihn einmal nach ihr jemand wegschaffen werde, wisse sie es ja nicht mehr.

Das hat später leider jemand getan. Ich habe die Dote im Verdacht. Ich sage leider, denn was wäre mit einem Ahnenbild mit Halskrause jetzt für ein Geschäft zu machen, wo auf einmal so viele Menschen von nobler Herkunft sein möchten! Die Altertumshändler schauen sich nach solchen Bildern schier die Augen aus, mögen sie darstellen, wen sie wollen und mögen sie kunstvoll oder anders gemalt sein.

Neben der Bühne war mir der Souterrain am wichtigsten, schon weil dort in einer offenen und leicht zugänglichen Kiste eine Unmenge von Vaters Handwerkszeug lag, von dem sich die Mutter nicht hatte trennen wollen, obwohl mit der Zeit alles verstaubte und verrostete. Das heutige Entrümpelungsgeschlecht kann sich keinen Begriff mehr davon machen, wie wenig man früher weggeworfen, was man alles aufgehoben hat. Von den unerklärbarsten, unerkennbarsten Dingen meinte man, sie doch irgendwann wieder einmal irgendwo zu irgendetwas brauchen zu können.

Von den Stuben ist nicht viel zu sagen. Als die Großmutter tot war, kam ihr Bett auf die Bühne hinauf und an seine Stelle kam Mutters Bett, so daß unsere Wohnstube künftighin auch ihre Schlafstube war, schon weil es da im Winter am wärmsten war. Mutters seitherige Stube war nun unsere gute Stube geworden. Dorthinein kam man nur selten, eigentlich nur, wenn Besuch kam oder an Weihnachten. Neben der Kommode und dem ovalen Tisch, der auf einem Fuß mit breitem Untersatz stand und immer ein wenig wackelte, war in dieser Stube Mutters rotes Plüschsofa die Hauptsache. Es war eigentlich zum Draufliegen viel zu kurz. Aber am hellichten Tag liege man ja sowieso nicht hin. Das Hinliegen gehöre sich auch nicht und zum Liegen sei das Bett da.

Da ich auf dieses Sofa auch nicht sitzen durfte, denn so ein teures Stück mußte man schonen, schenierte mich der gehäkelte Sofaschoner nicht sehr, der schon verrutschte, wenn man nur dran hinkam. Auch nicht die gröbere Decke, die zu seinem Schutz über ihn gelegt war. Über dem Sofa hing ziemlich hoch ein halbschräg gegen die Wand gestellter Spiegel, in dessen trübem Glas man sich nur verschwommen sah, der aber einen, wie es mir damals vorkam, sehr schönen, verschnörkelten Rahmen hatte. Um den oberen Teil dieses Rahmens waren Papierrosen gelegt und dahinter überkreuzten sich ein paar schöne Pfauenfedern.

Dieser Spiegel fand Heiners besondere Bewunderung. Er war wohl auch der Grund dafür, daß er lange meinte, wir müßten reiche Leute sein.

Er hätte gar zu gern einmal eine der schillernden Pfauenfedern aus der Nähe gesehen. Wir hatten schon sehr früh eine vernünftige Arbeitsteilung unter uns eingeführt: Ich mußte den größeren Teil der Hausaufgaben machen und er verhaute dafür meine Feinde. Auf diesem Gebiet hatte er an einem Tag im Herbst einmal wieder viel zu tun gehabt. Da beschloß ich, ihm eine Pfauenfeder von unserem Spiegel zu schenken.

Daß diese Feder nachher fehlte, und daß bei der Demontage der Spiegelverzierung auch die Rosen sehr verrutscht waren, was der Mutter natürlich auf den ersten Blick auffiel, wäre nicht so schlimm gewesen. Schlimmer war, daß ich auf das Sofa gestiegen war mit Barfüßen, wie man sie an einem regnerischen Tag hat in einer Gegend, in der die Trottoire an den Hausgärten entlang mit Kies beschottert sind, in den zur besseren Festigung und Einebnung feiner Kohlenstaub gemischt ist. Wo schon der Abdruck eines Daumens einen Missetäter zu überführen vermag, läßt der Abdruck einer ganzen Fußsohle, vom Ballen bis zu den Zehen keinen Zweifel an seiner Person zu. Und auf dem Sofaschonerschutz war nicht nur e i n Fußabdruck zu sehen. Und das war der Mutter zu viel.

Sonst ist zu unseren Stuben nicht viel zu sagen, nur noch, daß wir sehr schöne Teppiche hatten, nicht aus Persien oder aus Afghanistan natürlich, sondern von einem alten, fast blinden Weber aus Mergelstetten, sogenannte Flecklesteppiche, gewoben aus verschiedenfarbigsten schmalen eingesäumten und aneinandergenähten Stoffbändeln. So waren die Stubenböden eigentlich das Lustigste in unserer ganzen Wohnung, wenn die Mutter diese Teppiche auch schreckliche Staub- und Dreckfänger nannte.

Für den oberen Staub gab es damals übrigens geschickte Federwischer. Das waren meterlange dünne Meerrohrstäbchen, an die vorne ein ganzes Büschel Federn von Vögeln gebunden waren, die ein ganz besonders weiches Gefieder gehabt haben müssen.

Nach neueren hausfraulichen Erkenntnissen soll damit allerdings der Staub nur aufgewirbelt worden sein, so daß er sich wo anders wieder niedergelassen habe. Aber, womit hätte man denn um alles in der Welt Papierrosen und Pfauenfedern sonst abstauben sollen?

Wichtiger als das Haus waren für uns die Höfe und Gärten, die Straßen und Staffeln, der Spielplatz, die

Schafweide, die Wetterbuchen, die Hecken und der Wald.

An den großen, breiten Buchen kannten wir bald jeden Ast, jede Astgabel und jeden Knorren. Wir wußten genau, wohin man greifen und wo man den Fuß aufsetzen mußte, damit man am schnellsten auf die Kanzel, auf die Veranda oder ins Hummelloch kam, wie wir unsere Lieblingsplätze im Geäst nannten.

Dort, wo die Äcker aufhörten und die Weide anfing, waren dichte Hecken aus Schwarz- und Weißdorn, aus Heckenrosen und Haselnußbüschen. Darin konnte man Verstecknester bauen, in denen einen kein Mensch fand, wenn man die Schlupflöcher so nieder machte, daß man nur auf dem Bauch hineinkriechen konnte, und wenn man diese von innen dann jedesmal wieder mit Gras und Schlehdornzweigen zustopfte. Wir sahen dann durch Lücken im Laub und Gezweig, die wir notfalls etwas vergrößerten, wohl hinaus, zu uns herein konnte niemand sehen.

Einmal erschreckten wir von solch einem Heckennest aus ein paar Mädchen, die ganz nahe vorbeigingen, so sehr, daß sie schreiend und heulend davonrannten, und dabei hatten wir lediglich mit tiefen Stimmen gebrummt wie die Bären.

Einmal sind wir aber auch angegangen in unserem Dornversteck. Auf einmal bellte da nämlich ein Hund ganz nahe an der Hecke. Wir hörten ihn schnuppern und schnaufen und scharren. Ein Mann sagte: „So ists recht, Mäxle, such 's Mäusle." Der Hund bellte aufgeregter, schnupperte und scharrte rascher. Er war genau an unserem Einschlupf. Wir bekamen Angst und da rief ich: „Da ist kein Mäusle, da sind bloß wir!" — „So", sagte der Mann, „dann kommet nur heraus, bevor er euch am Hosenboden herausholt."

Wir schlüpften, auf dem Rücken liegend, rückwärts heraus, weil man so die Äste und Dornen über sich besser sah und wegbiegen konnte. Als ich den Kopf im Freien hatte, sah ich die Hundeschnauze dicht vor meinen Augen und schon wurde es feucht um meine Nase herum. Das ging alles sehr rasch, aber solche Augenblicke kommen einem ja wie halbe Ewigkeiten vor und man vergißt sie nicht so leicht. Seither gehe ich Hundeschnauzen mit dem Gesicht weit aus dem Weg.

Nach der Weide, den Hecken und den Wetterbuchen kam der Wald, vielerlei Wald, den man schwer beschreiben kann: Niederes Unterholz, hohe schlanke Buchen an steilen Felsen, junges Stangenholz, in dem wir bald bis in die schwankenden Spitzen hinaufkletterten. Je größere Züge man machte, umso schneidiger war es. Und dann ging es los. Wir schwangen uns von Baum zu Baum. Je weiter diese Schwünge waren, umso schöner waren sie. Wir kannten die Waldstellen gut, in denen man gleich hundert Meter weit und noch weiter in den Baumgipfeln durch die Luft reisen konnte. Damals waren die Eichhörnchen unsere Lieblingstiere.

Droben auf dem Berg war hoher, heller Buchenwald. Gegen Osten hin kamen Tannenwälder. Am liebsten waren uns die großen Tannenbäume am Waldrand, deren Äste, wenn man von oben nach unten ging, immer größer wurden und bis ganz auf den Boden herunterreichten, so daß sie dort sogar manchmal im Gras lagen. Von diesen Tannen herunter konnte man eine Tannenrutsche machen. Das heißt, daß man sich so weit droben wie nur möglich, wo einen die zähen Äste eben noch trugen, rittlings, den Blick zum Stamm gerichtet, auf einen oder zwei Äste setzte und, mit den Händen kräftig nachfassend, nach unten rutschte. Wer am schnellsten unten war, war König.

Wenn im Herbst das Laub fiel, kam eine besonders schöne Zeit, soweit wir eben Zeit hatten. Wir rechten einen großen, ein paar Meter hohen Laubhaufen unter einem Baum zusammen, von dem aus man aus verschiedener Höhe ins Laub springen konnte. Man versank dann, bis nichts mehr von einem zu sehen war. Man wühlte sich so weit wie möglich hinunter, dem Boden zu. Die Buben lagen rund um den Laubhaufen auf der Lauer, wo man wohl herauskommen werde. Sie versuchten, sich möglichst genau dort aufzustellen, wo man nachher an den Tag kam. Wer am nächsten stand, war der Nächste zum Springen. Wir wurden dieses Spieles nie müde.

Dann lagen, allerdings ziemlich weit gegen Oggenhausen hin mitten im Wald auf einmal ein paar kleine, dunkle Seen, in denen es Seerosen, Salamander, Ringelnattern und Gelbrandkäfer gab, aber auch ein Floß aus starken Stämmen und Brettern. Ich bin nie mehr so schön und so spannend Schiff gefahren als auf diesem Floß. Die Erzgruben, wie sie hießen, waren sehr tief, denn sie waren im Grunde die Löcher, in denen man vor langer Zeit einmal im tiefen Lehmgrund Bohnerz gegraben hatte. Wir trugen die dunkelbraunen Erzbohnen und Kügelchen immer in der Tasche herum. Die Erzgruben hatten etwas Unheimliches an sich. Es zog uns aber immer wieder dort hin. Es hat ja bekanntlich einmal einen gegeben, der keine größere Sehnsucht kannte als die, daß es ihm gruselte.

Mit unseren Höhlen war das ähnlich. Deren gab es eine Menge. Vom kleinen Unterschlupf, in den man sich unter einem überhängenden Felsen dukken konnte, bis zur Birkelhöhle, die mitten im Wald an die vierzig Meter weit in den Berg hineinging und stellenweise zimmerhoch und höher war. Die größte Tropfsteinhöhle, vielleicht die größte der ganzen Welt, hofften wir noch zu entdecken, wodurch wir dann berühmte und reiche Leute würden. Eine der größten Höhlen mußte etwas unter unserem Saumahdbrünnele mitten im Osterholz sein, denn dessen Wasser versickerte sumpfig zwischen Steinen und Moos im Tannendickicht in unterirdische Gewölbe, von deren Säulenpracht und Tropfsteinfülle, von deren blauen Seen, von deren Kristallen und verborgenen Schätzen wir träumten, solange unsere Wasserrädlein, die schon halbe Turbinen waren, unter dem feinen Brunnenstrahl liefen.

Durch die Höhlenforschung fing ich an, mich für die Kleiderreinigung zu interessieren. Wir wären ja am liebsten in der Badhose in unsere Löcher geschlüpft, um nach dem rechten Loch zu weiteren Höhlen und Hallen zu suchen, wenn es darin nur nicht so lästerlich kalt gewesen wäre. Mir haben, als ich im Geschichtsunterricht von ihnen hörte, die Höhlenmenschen immer sehr leid getan. Das war schon ein ungemütliches Wohnen. Da der Grund und die Wände meist lehmig waren und es von oben her fast überall tropfte, da man meistens auf dem Bauche kriechen oder sich auf dem Rücken liegend vorwärtsschaffen mußte, kann man sich denken, wie wir da nach mehrstündiger ernster Forschungsarbeit herauskamen. Und selbst ein Laie könnte sich etwa ausrechnen, wie viele Kerzen und Zündhölzer wir brauchten. Manchmal zehrten diese Unkosten unseren ganzen Verdienst aus den mancherlei Diensten, die wir den Leuten taten, auf. Und von irgendwelchen Zuschüssen durch Forschungsgemeinschaften und dergleichen Stellen war für uns natürlich nicht die Rede, schon weil wir unsere Forschungen streng geheim hielten, um den Ruhm nachher mit niemand teilen zu müssen. Aber welcher echte Forscher hätte sich des Geldes wegen je von seinem Vorhaben abbringen lassen?

Da das Kleiderreinigen eine viel größere Kunst ist als wir dachten, nähten wir uns eines Tages Anzüge aus alten Säcken. Man kann sich vorstellen, wie sehr selbst die Damen und Herrn einer geologischen Exkursion, die gerade am Eingang der Birkelhöhle einer Erklärung zuhörten, erschraken, als sie uns in dieser Höhlenkleidung, mit verschmierten Gesichtern und lehmverklebten Haaren aus der angeblich unzugänglichen Höhle plötzlich herauskommen sahen.

Daß man mit solchen Forschungen selbst im Schlaf umgeht, ist klar. Die Mutter hatte mich wieder einmal in die Gemeinschaftsstunde mitgenommen. Wir saßen nahe beim Ofen und da ergab es sich, daß ich schon nach dem ersten Lied einschlief. Die Mutter bemerkte davon nichts, denn sie war ganz Auge und Ohr für das, was der predigende Bruder von auswärts sagte. Als er anfing, das Luderleben an manchen Orten in den buntesten Farben zu schildern, und als er von einem gewissen Wirtshaus als einem besonderen Sündenloch erzählte, von dem aus der Weg direkt ins Höllenloch gehe, nahm die Mutter meine dicke Wollkappe, die ich in der Hand hielt, setzte sie mir auf und drückte sie mir mit beiden Händen fest an die Ohren. Und da habe ich, so erzählt man heute noch in der Stadt, schlaftrunken, aber so, daß es der ganze Saal gehört habe, gerufen: „Heiner, i bin am Loch!"

Man kann gar nicht sagen, was es im Wald alles für uns gab: Fuchsbaue und Dachsgruben, Eichhörnles- und Vogelnester aller Arten, leere und solche mit Eiern und jungen Vögeln darin, Hirschhornkäfer und Ameisenhaufen, Kastanienbäume und Wildkirschen, Erdbeeren und Himbeeren.

Zum Wald gehörte für uns Heiners Vater. Er war ein Waldläufer ohnegleichen. Er fand noch halb unter dem Schnee die ersten himmelblauen Leberblümchen. Er fand Schmetterlings- und Käferpuppen dutzendweis. Er wußte, wo die Wiesel spielten und die Igel schliefen. Er machte alle Vogelstimmen nach. Er hielt uns so lange auf einem Fleck fest, bis wir einem Vogel so lange und so nahe zugeschaut hatten, daß wir ihn aus dem Kopf hätten malen können. In der Natur muß man langsam tun, sagte er immer wieder. Er hat uns einmal vierzehn Tage lang jeden Abend an einen Heckenrosenbusch geführt. Dort hat er an einem kleinen Zweig dicht bei einer Knospe einen roten Faden angebunden. Wir sollten sehen, wie eine Knospe aufgeht. Die läßt sich Zeit, sagte er an den ersten Abenden. Als wir die erste kleine Veränderung wahrnahmen, jubelten wir. Und nun brannten wir jeden Abend vor Neugier, wie weit unsere Knospe sei.

Dieser Mann hat uns eine Weihe am Himmel vom Bussard unterscheiden gelehrt. Er hat uns gezeigt, wie die Wacholderbüsche auf der Weide junge Buchenbäumchen, deren Samen zwischen sie gefallen waren, im Schutze ihres stacheligen Gezweigs aufzogen und vor den Schafen hüteten und wie sie, wenn die Bäume dann heranwuchsen, selber in deren Schatten verkümmerten. Ich höre ihn heute noch sagen: „Der Wald ist das größte Vergnügen auf der Welt. Und dieses Vergnügen kostet keinen Pfennig."

Für uns kamen freilich bald noch viele andere Vergnügungen hinzu, die zeitweise das Vergnügen am Wald in den Hintergrund zu drängen drohten.

Etwas vom Denkwürdigsten wurden uns die Reisen auf der Bahn, die von der Turbinenfabrik der Länge nach durch die ganze Stadt zum Güterbahnhof fuhr, mitten in einer langen wichtigen Straße, und die auf offenen, stark ächzenden Güterwagen riesige Walzen geladen hatte, Zylinder und Rohre, in die man oft ein kleines Haus hätte hineinstellen können, Räder, Gestänge, Pressen, Pumpen, Zahnradgetriebe, Kupplungen, Regler, Papiermühlen, Turbinenschaufeln, Schaufelräder, Spiralgehäuse, die wie haushohe Schnecken aussahen und in deren Gewinde ein Mann aufrecht hätte stehen können. Es ist nicht zu sagen, was da an jedem einzelnen Stück dran war. Wir haben an einer Welle für eine Turbine einmal dreißig Schrauben gezählt, von denen wir an einer einzigen zu zweit zu tragen gehabt hätten. Wir haben Schraubenlöcher gesehen, durch die man mit der Hand fahren und Zahnräder, zwischen deren Zähne man den Arm legen konnte. Wir wußten, daß all diese Riesen- und Wunderwerke aus Eisen und Stahl, aus Kupfer und Messing wieder nur kleine Teile von Maschinen waren. Einer der Brüder meiner Tante Marie, der Obermonteur Wilhelm Münster, hatte mir einmal Bilder einer Papiermaschine gezeigt und erzählt, wie die Monteure in die fernsten Länder reisten, um aus den vielhunderterlei oder gar tausenderlei Teilen eine Maschine zusammenzubauen. Es war mir bei diesen Bildern zumute, als müßten Männer, die so etwas können, die tüchtigsten und gescheitesten Leute der Welt sein.

Da solche Maschinen aus unserer Stadt und unsere Turbinen in allen Ländern liefen, kam mir diese Stadt als eine der wichtigsten Städte vor.

Schwerer als diese Bahn, die da mitten auf der Straße durch die Stadt fuhr, hat wohl kaum eine andere Bahn ziehen müssen, und doch hießen wir diese Bahn das Voith-Bähnele. Es fuhr so langsam, daß man nebenherlaufen konnte. Die Lokomotive bimmelte unablässig mit hellem Ton. Wenn wir die Glocke hörten, konnten wir in der Schule nicht mehr sitzen. Waren wir in der Nähe unterwegs, so rannten wir so schnell uns unsere Füße trugen. Wir wollten wissen, was wieder geladen war und welche Ländernamen an den Waggons, an den gewaltigen Frachtstücken, an Kisten und Verschlägen angeschrieben waren. Mein Onkel Rummler hatte mir einmal eine kleine Landkarte geschenkt, auf der alle Länder der Welt in vielerlei Farben zu sehen waren. Ich habe sie klein zusammengelegt, daß sie in die Hosentasche ging. Dort ist sie bei Tag und bei Nacht auch geblieben, bis die Mutter sie einmal beim Waschen meiner Hose mit eingeweicht hat, so daß man nachher nichts mehr darauf hat sehen können. Das war einer der schmerzvollsten Verluste, die ich je erlitten habe und es wäre mir lieber gewesen, es wäre das noble Strickanzügle verweicht, das mir die Mutter eines Tages zu meinem Leidwesen gekauft hat.

Auf jener Karte, die schon vor dem Einweichen sehr aus der Form gekommen und sehr fleckig geworden war, haben wir zwischen und unter den Güterwagen, in Turbinenschaufeln und Spiralgehäusen sitzend, wobei man sich aber ja nicht erwischen lassen durfte, mehr Erdkunde gelernt als in der Schule, in der es der Einschränkungen im Kriege wegen nicht über Europa hinausgereicht hat.

Die genannten Stätten unserer Weiterbildung, dazu ein Fenstersims, von dem aus man die großen Farbdruckmaschinen der Manufaktur sehen konnte, ein Oberlicht, durch das man auf die Jaquard-Webstühle der Deckenfabrik hinuntersah, ein Schlackenhaufen beim Gaswerk, wo einem der Feuerschein das Gesicht rot färbte, der blitzblanke Schaltraum des Elektrizitätswerks, in den uns der Meister manchmal heimlich mitnahm, wenn unsere Barfüße ganz sauber waren, lösten unsere Heckenverstecke, unsere Hochsitze in den Bäumen, unsere Waldwinkel und Höhlen nach und nach ab und ließen uns diese zeitweise ganz vergessen.

Eines Tages hatten wir ein unerhörtes Glück. Das Bähnle hatte einen neuen Lokomotivführer bekommen. Der hatte den Vater noch gut gekannt, und so durften wir einmal neben ihm auf der Lokomotive mit in die Fabrik hineinfahren. Wir sollten dort unsere Köpfe halt nicht so weit herausstrecken, man sehe nicht gern fremde Leute im Fabrikhof.

Als die Bahn wieder aus den hohen Hallen und aus den weiten Höfen herausfuhr, war uns schwindelig vor lauter Kranen, Eisenbergen und Maschinen, vor lauter Hämmern, Surren, Kreischen und Schrillen. All der Lärm war uns als eine wunderbare Fabrikmusik vorgekommen. Wir beneideten die Männer in den blauen Anzügen, die da mitten drin standen und schafften, und die sich in so schwierigen Dingen auskannten.

Es war uns von da an klar, daß es nach der Schule nichts anderes gab als den Voith. Es kam uns wie ein Märchen vor, daß das alles einmal von einem Schlossermeister angefangen worden war, der seine Wohnung und Werkstatt zuerst in einem engen Häuschen am Berg in der Hinteren Gasse hatte.

XII.

WARUM MIR DAS NEUJAHRWÜNSCHEN WIE SPITZGRAS WAR

Es gibt für jeden Menschen ein paar Dinge, die ihm wie Spitzgras sind. Ein ganz besonders spitziges Spitzgras war mir als Bub das Neujahrwünschen. Aber eigentlich erst von einem ganz bestimmten Neujahrstag an.

Man nahm es mit den Grüßen und Wünschen früher noch ernst. An Neujahr gehörte es sich, daß die Kinder bei den nächsten Verwandten, bei der Freundschaft oder Herrschaft, bei den Hausleuten und bei den Nachbarn anklopften und ihre Wünsche mit einem ernsten Spruch darbrachten. Doch ich will der Reihe nach erzählen.

Mein Sprüchlein selber machte mir weniger zu schaffen, obwohl es mir ein bißchen altmodisch vorkam, und obwohl mir sein Sinn ziemlich dunkel blieb. Ich mußte den Leuten nämlich in einem Atemzug den gesunden Leib, den Heiligen Geist und das ewige Leben wünschen.

Den gesunden Leib ließ ich mir noch gefallen, denn an Zahnweh und Bauchweh hatte ich schon erfahren, was es heißt, am Leibe krank zu sein. Mit dem Heiligen Geist war es schon schwieriger. Wenn ich überhaupt eine Vorstellung von ihm hatte, dann war es eine äußerst ungenaue und zweifelsohne auch eine recht verkehrte, denn ich sah da eine Taube über kleinen, bläulichen und roten Flämmchen schweben, und diese Flämmchen züngelten beileibe nicht dort, wohin auch noch so kleine Flammen gehören, sondern sage und schreibe auf den Köpfen vollbärtiger Apostel. Ich konnte mir mit dem besten Willen nicht denken, was gewöhnliche Leute mit dem Heiligen Geist anfangen sollten.

Warum man schließlich jemand das ewige Leben wünschte, wo doch alle Menschen dereinst auferstehen würden von den Toten zum ewigen Leben, das konnte ich mir erst recht nicht erklären.

Viel mehr aber als mein Neujahrsspruch machten mir die Leute zu schaffen, denen ich ihn darzubringen hatte. Ihr Kreis erweiterte sich nämlich mit jedem Jahr, das ich älter und, wie meine Mutter meinte, gescheiter wurde. Zuerst waren es nur die Mutter, die Dote, die Großmutter und die Tante in der Schwanengasse gewesen. Im Jahr darauf waren dann die Hausleute und unsere nächsten Nachbarn dazugekommen, der Webermeister Stegmaier und seine Frau, ruhige und freundliche Leute. Die Frau Stegmaier war ganz gerührt gewesen, als ich mein Sprüchlein zum erstenmal aufgesagt hatte. Sie hatte sich mit dem Schurzzipfel an den Augen herumgewischt und gesagt: „Büble, mir wünschet dir grad so viel, vor allem da Heilige Geist. Von dem kann mr gar net gnuag han, bsonders in dr Schul. Gsond bist jo so, und's ewige Leba, weißt, des kommt erst ganz später amol." Von da an war mir der Heilige Geist noch rätselhafter geworden.

In dem Jahr, von dem nun die Rede ist, meinte die Mutter, ich könne jetzt ruhig noch ein paar Häuser weiter gehen, zum Beispiel zum Klotzbüchers-Jakob, der auf der Manufaktur in der Farbküche schaffte — wenn er schaffte. Die Leute sagten, der Jakob mache um die Arbeit gern einen großen Bogen herum. Er aber sagte, es sei schon ein Kreuz, wenn man es so auf dem Magen habe wie er. Darauf meinten dann aber die Leute wieder, es werde beim Jakob wohl eher die Leber sein, wegen dem Überdurst, den der das ganze Jahr habe. Aber Leber oder Magen, das sei für den Jakob gehopft wie gesprungen. Dem wäre es himmelangst, wenn er sein Kreuz nicht hätte. Unser Herrgott habe allerhand Kostgänger, sogar solche, denen es vor der Arbeit ärger angst sei als vor einem kranken Magen.

Als ich die Mutter einmal fragte, was denn das

heißen solle, meinte sie, ich solle nicht auf das bösartige Geschwätz der Leute horchen. Der Jakob sei schon recht. Uns habe er jedenfalls schon manchen Gefallen getan und er habe es wohl verdient, daß man ihm das Neujahr wünsche.

Wenn ich dann schon unterwegs sei, sagte sie, dann solle ich gleich bei der Melchingers Marie vorbeigehen und auch ihr die Ehre antun. Sie war eine Hausnäherin. Es hieß, man habe sie nicht schulen können; davon merke man aber nicht viel. Sie sei eine seelengute Person und tüchtig wie nicht leicht eine. Es sei ihr halt scheints für die große Geschicklichkeit ihrer Finger im Oberstüble ein bißchen etwas abgezogen worden.

Und von der Marie sei's ja dann nur noch einen Katzensprung zur Frau Oberlehrer. Die freue sich sicher, denn sie habe mich schon auf dem Arm herumgetragen, als ich noch im Tragkissen gelegen sei. Sie war eine kräftige, gesunde, runde Frau mit ein paar festen roten Bäckchen und die Mutter sagte manchmal: Der Frau ihren gesunden Leib müßte man haben! Wenn natürlich der Herr Oberlehrer auch daheim sei, werde ich ja wissen, was sich gehöre und ich solle dann mein Sach nur noch deutlicher und noch schöner sagen und ja recht manierlich sein.

Ja, und dann solle ich halt den Weg vollends unter die Füße nehmen und auch zur Frau Kommerzienrat nach Neubolheim hinuntergehen. Der verstorbene Herr Kommerzienrat und auch die Frau Kommerzienrat hätten große Stücke von meinem Vater gehalten.

Das wurde nun für mich schier eine ganze Tagereise. Aber das hätte mir nicht einmal so viel ausgemacht, denn zu meiner Bubenzeit war man das Laufen noch gewohnt. Viel ärger war, daß man mit all diesen Leuten sozusagen in verschiedenen Sprachen reden mußte. Zur Dote, zur Großmutter und zur Tante sagte man Du. Das: „Dota, i wünsch dr da gsunda Leib“ ging leicht heraus. Zu den Nachbarn und auch zu der Hausnäherin sagte man Ihr, so daß es da anfing: „Nochber“ oder „Nähere, — i wünsch üch da gsunda Leib . . . “ und so fort. Aber da war schon wieder ein Unterschied. Zum Jakob, meinte die Mutter, solle ich sagen üch, nicht euch, „i wünsch euch“, das könnte sich so anhören, als wollte ich etwas Besseres sein. Es war in unserem Stadtviertel gang und gäbe, anstatt euch üch zu sagen. Bei der Melchinger-Marie sei es aber wieder anders. Die bringe gern immer wieder ein Wort nach der Schrift hinein, und ich werde wohl noch wissen, wie sie mir das letztemal gesagt habe: „No net ganz so bäurisch, du solltest scho no wissa, daß dei Vater a Meister gwesa isch.“ Sie habe deutlich Meister, und nicht, wie wir es sonst gewohnt seien, Moischter, und außerdem gwesa und net gwea gesagt. Also bei der Marie: I wünsch euch — und net üch!

Etwas ganz anderes war es natürlich bei der Frau Oberlehrer. Zu ihr mußte ich Sie sagen, das versteht sich, so daß es dort heißen mußte: „Frau Oberlehrer, i wünsch Ihne da gsunda Leib . . .“ Mit dem „Ihne“ hatte ich schon meine Schwierigkeiten, schon weil mir die Mutter eingeschärft hatte, es heiße Ihne und nicht Ehne, wie die einfachen Leute bei uns zu sagen gewohnt waren. Da hätte ich dann lieber alles gleich ganz hochdeutsch gesagt. Aber das sei erst recht nichts, meinte die Mutter. Denn der Herr Oberlehrer spotte gern und es könnte dann leicht sein, daß er sage: „Bua, brech dr d'Zung net ab. Bist ällaweil no von Mergelstett'.“

Und dann kam die Frau Kommerzienrat. Ja, die redete man — wie soll ich sagen — die redete man überhaupt nicht an. Da hieß es nämlich — und zwar in diesem Fall alles auf hochdeutsch: „Ich wünsche der Frau Kommerzienrat den gesunden Leib und den Heiligen Geist (nicht Geischt, sagte die Mutter dutzendmal), und das ewige Leben.“ Also nicht etwa: I wünsch, sondern ich wünsche! Was hat mir allein das e hinten an dem Wort wünsche zu schaffen gemacht! Ich hätte gewettet, daß dies falsch war, und daß die Mutter das einfach nicht richtig wußte; denn wer sagte denn schon so dumm: wünsche!

An besagtem Neujahrstag machte ich mich also auf den Weg.

Beim Jakob war es ja nicht schwer. Ich mußte nur

aufpassen, daß es nicht nobel tat. Also üch, net euch. Nochber, i wünsch üch! Das ging leicht. Er saß auf dem alten Ledersofa, aus dem die Federn stupften und rauchte seine große Pfeife mit dem Porzellankopf. Sorglos fing ich an, recht laut, denn er hörte auch ein bißchen schlecht: „Nochber, i wünsch üch da gsunda Leib und da ... " — aber weiter kam ich nicht, denn der Jakob fuhr, was man keineswegs an ihm gewohnt war, aus seinem Sofaeck auf und schrie: „Was, du Lausbüble, du elends, wer hot denn die do wieder aufgstachelt, daß d'mi ärgera sollescht? Des Lompapack! Sollet doch dia mit soma Maga in dui drecket Farbkuche nei auf dr Manufaktur, dui Bagasch. Da gsonda Leib! Und dir bsorg i's! Du Blitz, du dondrischer!" Dabei holte er weit aus und ich lief erschrocken und völlig verwirrt aus dem Haus. Erst als ich schon um einige Straßenecken herum war, tat ich langsamer. Ich mochte hin- und herdenken wie ich wollte, es wurde mir nicht klar, was der Klotzbücher da gewollt hatte. Vielleicht hatte er einfach einen sitzen, und da sollen die Leute ja, wie man hört, manchmal nicht recht wissen, was sie sagen.

Als ich dann nachher vor dem alten, kleinen Häusle in der Hinteren Gasse stand, in dem die Melchingers-Marie hinten hinaus eine kleine, dunkle Stube hatte, war ich noch sehr unruhig. Ich dachte aber an die schönen großen Äpfel, von denen sie mir ein paar in die Taschen geschoben hatte, als ich sie das letztemal zum Nähen hatte bestellen müssen, und so sagte ich schnell noch ein paarmal vor mich hin: „Nähere, i wünsch Euch ...“ und dachte jedesmal dabei: euch, net üch!

Es ging auch gut. Sie hielt den Kopf ein wenig schief und sah nur so ein bißchen von unten herauf, wie sie es meist tat. Auf einmal aber, als ich beim Heiligen Geist war, stellte sie den Kopf und sah mich ganz groß an, daß ich fast ein wenig erschrak. Ich war kaum fertig, da sagte sie mit einer Stimme, die ich nicht an ihr kannte: „So? Isch des dei ganze Bildung? A arme Nähere ärgera? Des mit em Heilige Geist hättest ruhig sei lassa könna. Ich bin au net dümmer wie anderleut, und des hätt i net von dir denkt, und deine lumpete Hosa soll flicka wer will, i nemme! Und do hot dr Zimmerma ’s Loch nausgmacht!“ Und da schob sie mich auch schon zur Tür hinaus und patschte sie zornig hinter mir zu.

Ich weiß nicht mehr, wie ich die steile Treppe hinunter und wieder an die frische Luft gekommen bin. Ich weiß nur noch, daß ich nun am liebsten heimgerannt wäre, um der Mutter zu sagen, daß ich es doch schon immer gewußt hätte, daß der altmodische Neujahrsspruch nichts sei und jetzt sei es mir schon zu dumm und ich ginge überhaupt nirgends mehr hin. Aber die Mutter hätte in solchen Dingen keinen Spaß verstanden. Nein nein, es hatte alles keinen Wert, ich mußte weitermachen auf meiner Glückwunschtour. Und jetzt kam die Frau Oberlehrer.

Es surrte mir noch in den Ohren, als ich die schwere Haustür langsam aufmachte. Da war der hohe, weite Hausgang, der mir eines farbigen Fensters wegen sehr vornehm vorkam. Es ging drei Treppen hinauf, und dann stand ich herzklopfend vor der Glastür. Ihne, net Ehne! dachte ich. Ich hatte den Finger schon am Knopf der Glocke. Aber ich ließ die Hand nochmals sinken. Ich wollte lieber alles geschwind nochmals leis vor mich hinsagen. Also: Frau Oberlehrer, i wünsch mir . . schon falsch. Was war denn das? Frau Oberlehrer, i wünsch Ihne Ihren gsunda Leib . . . wieder nichts! War denn der Spruch verhext? Frau Oberlehrer, i wünsch Ihne da gsunda Leib, da Heiliga Geist und 's ewig Leba. Gottlob!

Ich gab mir einen Ruck und läutete. So leis ich konnte. Es schoß mir dabei durch den Kopf: Vielleicht ist überhaupt niemand daheim. O, wenn nur niemand daheim wäre! Aber da ging die Tür schon auf und die Frau Oberlehrer stand da. Ich fing noch unter der offenen Tür an: „Frau Oberlehrer . . .“ Da kam auch er und sagte: „No vollends rei spaziert, ma bleibt net unter der offena Tür steha.“ Schon der Anblick des geachteten Mannes verwirrte mich. Es wurde mir heiß im Kopf und flimmerte mir vor den

Augen. Aber es half alles nichts, ich mußte mein Sach sagen. „Frau Oberlehrer, en schöna Gruß von dr Mutter und von mir, und i wünsch mir Ihne Ihren gsunda Leib und da Heilige Geist und 's ewig Leba." — Er lachte laut hinaus: „Jetzt horch au, Frau, er wünscht sich dein gsunda Leib! Büble, ganz hot's net gstimmt, dei Sprüchle, aber hosch sicher gut gmoint; so wünschet mir dir halt au recht viel von sellem Heiliga Geist."

Mir summte es wieder in den Ohren und es flimmerte mir vor den Augen. Am liebsten wäre ich in den Boden versunken. Aber da nahm mich die Frau Oberlehrer am Arm, führte mich ins Zimmer, drückte mich freundlich auf einen Stuhl am Tisch mit der roten Plüschdecke und sagte: „Gelt, wenn mer sei Sprüchle gsagt hat, isch oims wieder leichter. Do schmeckt oim a Gsälzbrot. I bring dir glei eins und a Gläsle Most drzua. Und sag no recht viel Grüß an d'Mutter, und mir lasset ihra au a gsunds neus Johr wünscha."

So schlecht hat es mir, glaube ich, in meinem ganzen Leben nie mehr geschmeckt. Nicht etwa, weil das süße Gsälz und der saure Most nicht recht zusammengepaßt hätten. Von solchen Feinheiten wußten unsere Bubenzungen damals noch nichts. Es war etwas ganz anderes. Wollte ich aber auch nur noch ein Wort zur Erklärung sagen, so würde ich meine Leser ja geradezu verdächtigen, bis hierher nicht recht aufgepaßt zu haben. Sie sollten aber zum richtigen Verständnis meiner damaligen Verfassung noch zwei Dinge wissen: nämlich erstens, daß unser Oberlehrer Widmann der Mutter fast jede Woche begegnete, wenn er, pünktlich wie eine Uhr, am Donnerstagabend zum Stammtisch in den „Schwanen" ging, wobei er sich dann jedesmal eine Weile mit ihr unterhielt, — und zweitens, daß er gern alles ein bißchen übertrieb, was vielleicht mit seinem Beruf zusammenhing, in dem er eben alles so deutlich wie möglich sagen mußte, und so, daß man es auch behalten konnte. Da er dann und wann auch eine Geschichte für unser Tagblatt schrieb, kann es gut sein, daß er sich bei d i e s e r Beschäftigung angewöhnt hat, alles ein bißchen ärger, ernster oder lustiger zu machen, kurz, eben ein wenig zu stilisieren. Daß er dies auch in meinem Fall tun würde, und zwar schon am nächsten Donnerstagabend am Schwaneneck, habe ich nicht geahnt, als ich damals bei ihm daheim an dem Brot kaute, als wäre es Haberstroh, — und als ich zu allem hin auch noch Angst haben mußte, das ziemlich flüssige Träublesgsälz tropfe auf die Tischdecke und auf meine Hosen, oder die Frau Oberlehrer könnte gerade hereinkommen, wenn ich mir die Finger abschleckte. Das war aber nötig; denn meine Finger durften doch nicht mehr pappig sein, wenn ich ihr und ihm nachher die Hand geben mußte.

Es genügt ja zum Übertreiben oder zum Verändern manchmal ein einziges Wort. Auf meinen Fall bezogen, war es so, daß er einfach das Wörtlein u n d an einer Stelle weggelassen und aus dem nicht minder kurzen Wort d e n — dem gemacht hat, so daß es nicht mehr hieß, ich wünschte zum gesunden Leib hin auch den Heiligen Geist und das ewige Leben, sondern daß es jetzt mit einemmal so herauskam, als hätte ich den gesunden Leib und — dem Heiligen Geist das ewige Leben gewünscht. Man wird verstehen, daß mich dies, als ich es erfuhr, schwer empörte. Ich habe ihm seine spitzbübische Stilisierkunst auch jahrzehntelang übelgenommen, so lange, bis ich es selber in diesen Dingen noch viel ärger getrieben habe.

Es war gut, daß ich an dem verhängnisvollen Tag davon noch nichts wußte; denn ich hatte ja den schwersten Gang noch vor mir. Und da war es jetzt ganz recht, daß es bis zur Villa der Frau Kommerzienrat hin noch zwei gute Stunden Weges war. Da konnte ich mir meinen Spruch noch oft genug vorsagen. Aber was hatte schon alles Vorsagen für einen Wert. Ich konnte ihn im Schlaf sagen, und doch war bis jetzt jedesmal etwas passiert.

Es war ein Glück, daß die Frau Kommerzienrat eine sehr freundliche Frau war. Sie redete rasch und lustig daher und man brauchte keine Angst vor ihr zu haben. Dumm war nur das mit der Anrede. Aber da wollte ich schon aufpassen.

Als ich auf dem Kiesweg unter den hohen Bäumen auf das schöne Haus zuging, das fast einem Schlosse glich, war ich wieder halbwegs ruhig, und als mich das Dienstmädchen im weißen Schurz und mit einem weißen Häubchen auf dem Kopf durch das Gitterfenster in der Haustür fragte, wer ich sei und was ich wolle, konnte ich meinen Namen sagen, ohne mit der Stimme zu zittern. Ich konnte sogar ganz ruhig dazusetzen, daß ich der Frau Kommerzienrat das Neujahr wünschen wolle. Das Mädchen machte das Fensterchen wieder zu und ließ mich stehen. Sie kam aber gleich wieder, machte die Haustür auf und war auf einmal sehr gefällig. Sie schob mich vor sich her in den Hausgang und dann in eine große Halle, in der viele Hirschgeweihe, auch Gewehre und Lanzen an den Wänden hingen und dann durch dicke Samtvorhänge in das hohe, riesig große Zimmer, in dem man sich hätte verlaufen können.

Die Frau Kommerzienrat kam schon von ihrem Platz auf einem erhöhten Tritt an einem der hohen Fenster auf mich zu und sagte, wie sie sich freue und wie groß ich wieder geworden sei, und wenn dies der Vater sehen könnte! Sie legte mir beide Hände auf die Schultern und machte weiter: wie das Zeugnis ausgefallen sei und ob der Herr Oberlehrer mit mir zufrieden sei und wie es der Mutter gehe und ob ich schon wisse, was ich einmal werden wolle. Sie fragte alles so schnell hintereinander, daß ich jedesmal nur nicken oder mhm sagen oder den Kopf schütteln konnte. Und während sie so munter auf mich hineinfragte, nahm sie mich am Arm und zog mich zu einem kleinen Sofa. Ich solle es mir nun nur recht bequem machen. Da ich zögerte, mich zu setzen, meinte sie lachend, ich werde mich doch hoffentlich nicht schenieren, das wäre nochmals schöner, wo wir bis jetzt immer so gute Freunde gewesen seien. So setzte ich mich halt hin. Sie schob mir noch zwei dicke Kissen hinter den Rücken.

Bis dahin hatte ich immer die Lippen schon ein bißchen bewegt und mit meinem Neujahrsspruch anfangen wollen. Es ging aber nicht, weil sie gar keine Pause machte, in der ich schnell hätte anfangen können. Und jetzt saß ich da und im Sitzen konnte ich doch mein Sach nicht sagen. Die Frau Kommerzienrat stellte ein kleines, rundes Tischchen vor mich hin, das nur einen Fuß hatte. Ich sehe das Spitzendeckelchen darauf heute noch vor mir. Da kam das Dienstmädchen herein, und die Frau Kommerzienrat sagte etwas von Gutsla und Likör zu ihr.

Ich war schrecklich aufgeregt. Ich mußte doch meinen Spruch sagen! Hier war es am allerwichtigsten, und wie es mir in der Villa gegangen sei, würde die Mutter als allererstes wissen wollen. Ich weiß nicht, woher ich auf einmal den Mut genommen habe. Ich stand einfach schnell auf, wahrscheinlich zu schnell, denn das kleine Tischchen fiel um. Die Frau Kommerzienrat erschrak, tat einen Schrei und fragte: „Aber was hast du denn?“ Ich konnte nichts sagen, weil ich mich nach dem Tischchen bückte. Ich stellte es wieder hin, nur das Deckelchen ließ ich liegen. Dann sagte ich, so schnell es überhaupt ging, denn ich hatte große Angst, es könnte wieder nicht reichen: „Ich wünsche der Frau Kommerzienrat den gesunden Leib, den Heiligen Geist und das ewige Leben.“

So! Jetzt wars vorbei. Mir war nicht nur ein Stein, mir war ein ganzer Steinbruch vom Herzen.

„Sieh an“, sagte die Frau Kommerzienrat lachend, „was er wieder für einen schönen Spruch gelernt hat. Ich dank dir schön, Büble. Und da kommt auch schon was Gutes für dich. Schenken Sie nur ein, Emma. So! Und nun greif zu und nimm nur ein Schlückle. Der ist schön süß und tut dir nichts.“

Nein, dachte ich, jetzt kann mir überhaupt nichts mehr etwas tun. Jetzt ists gesagt und jetzt brauch ich nirgends mehr hin. Und als sie ihr Gläsle in die Hand nahm und mir freundlich zunickte, nahm ich halt das andere Gläsle. Schlechter als Lebertran konnte es auch nicht sein; und jetzt, wo ich alles hinter mir hatte, hätte ich noch ganz andere Sachen eingenommen! Ich trank das Gläschen auf einen Zug aus. Ich wäre gar nicht auf den Gedanken gekommen, daß man an diesem winzigen Schlückle ein paarmal trinken könnte. Ich hätte übrigens nicht sagen können, ob das, was ich da trank, gut oder schlecht schmeckte. Ich weiß heute nur noch, daß es grasgrün war. Auf alle Fälle war es mir danach ganz wohl und als ich ein Gutsle gegessen hatte, schenkte mir die Frau Kommerzienrat nochmals ein Gläschen voll ein und ich trank es wieder auf einen Schluck aus. Jetzt wäre ich am liebsten aufgestanden und hätte gesagt: „So, jetzt gang i hoim." Die Mutter hatte gesagt, ich solle ja nicht sitzen bleiben wie ein Presser.

Ich rückte ein bißchen nach vorn und überlegte, wie ich jetzt am besten fortkäme. Am liebsten wäre es mir gewesen, wenn sie gesagt hätte, so, jetzt habe sie keine Zeit mehr und ich solle einen schönen Gruß an die Mutter ausrichten und gut heimkommen. Das sagte sie aber nicht. Dafür wollte sie meinen Neujahrswunsch nochmals hören. — Es sei vorhin ein bißchen schnell gegangen, und sie habe vielleicht doch nicht alles richtig gehört. So stand ich eben auf und fing in Gottes Namen nochmals an. Ich kam auch gut und ohne zu stolpern bis zum ewigen Leben. Schön! sagte sie. Das seien drei gute Wünsche. Nun solle ich mir aber die übrigen Gutsla in die Tasche stecken. Das ließ ich mir nicht zweimal sagen, zumal ich jetzt geradezu von Wohlbehagen erfüllt war. Denn erstens war es mit meinem Spruch nochmals gut gegangen, und zweitens hatte ich jetzt ganz gewiß meine Ruhe davor und drittens stand ich schon da, so daß ich nun sicher in wenigen Minuten draußen vor dem Parktor war. Und dann hatte ich alles hinter mir! Dann wollte ich aber noch eine Weile flache Steine übers Wasser flitzen lassen. Ich hatte es schon bis zu zehn Hüpfern gebracht, man mußte nur ganz flach werfen und mit der Hand bis fast auf die Wasserfläche hinuntergehen. Im Gedanken an dieses Vergnügen streckte ich der Frau Kommerzienrat die Hand hin. Sie schlug aber nicht gleich ein. Es sei schade, daß ich schon gehen wolle. Wenn ichs aber so eilig hätte, dann müsse sie doch schnell nochmal auf meinen Neujahrswunsch kommen. Die ersten zwei Dinge, mit denen sei sie ja ganz einverstanden. Da könne man von beidem nie genug haben. Aber das mit dem ewigen Leben — ich werde doch nicht gar wünschen, daß sie diese schöne Welt, auf der es ihr so gut gefalle, bald verlassen solle? Ich weiß nicht, woran es lag, daß ich jetzt nicht im geringsten erschrak und verwirrt wurde, daß ich vielmehr sofort sagte: „Noi, gwiß net, wisset Se, 's ewige Leba, des kommt erst ganz später amol." Da lachte sie und meinte: „So laß ich mir's gefallen! Und so hoffe ich halt, daß du noch recht oft zum Neujahrwünschen zu mir kommst."

Dann ging sie selber mit mir an die Haustür und

ließ mich hinaus. Als ich schon fast am Parktor war, rief sie mir nochmal. Ich erschrak, aber sie wollte mir bloß noch winken. So winkte ich halt auch, sicher recht ungeschickt, denn solcherlei Dinge waren bei uns nicht Mode.

Man wird verstehen, daß ich aufgeschnauft habe, als das schwere Gartentor ins Schloß gefallen war. Und man wird darüber hinaus verstehen, daß mir von dem Tag an das Neujahrwünschen wie Spitzgras war, auch nachdem ich längst einen moderneren Spruch aufgesagt habe.

Es hat mancher Neujahrstag kommen müssen, bis ich gemerkt habe, daß man den Leuten kaum etwas noch Besseres wünschen kann als das, was ich auch meinen geduldigen Lesern, und sei es mitten im Jahr, wünschen möchte: den gesunden Leib, den Heiligen Geist und das ewige Leben.

XIII.

DER HOLZTAG

Wenn ich an unseren Wald denke, steigt aus silbergrauen Buchenstämmen, aus den Sonnenkringeln, die auf dem Boden tanzten, aus Farnkräutern und Brombeerhecken ein langer Reigen seliger Waldtage auf. Aber einer, der Holztag, war schöner als alle.

Er kam jede Woche, wenn es gut Wetter war, und er fing so halb und halb schon am Tag vorher an, denn da kundschaftete man aus, wo es etwas gab. Gleich nach dem Essen gings über die Schafweide und in den Wald hinein. Das Gäu, in dem wir gewöhnlich holzten, war eine gute Stunde weit von unserem Stadtviertel entfernt. Man mußte über den hinteren Schmittenberg durch die „Buchschor", bis beinahe an die „Dachsgruben". Vorsichtig drehte ich mich immer wieder um, machte auch manchmal einen großen Umweg durch den Fichtel und den Scheiterhau, lag sogar einmal mäuslesstill in eine Himbeerlichtung, daß mir ja niemand nachkäme. Unser Holzgäu brauchte niemand zu wissen. Da hatte es was! Dann suchte ich nach den besten Holzplatten und merkte mir die Bäume. Es war gar nicht so leicht, gegen die Himmelslichtigkeit aus den grünen Ästen die dürren herauszufinden. Bis Feierabend war ich jedesmal wieder daheim. Und wenn dann die Arbeiter hinausgingen, die Pfeife mit dem Porzellankopf im Mund, dann dachte ich mir jedesmal: Sucht nur, meine Platten findet ihr ja doch nicht.

Man holte den Schubkarren noch am Abend aus dem Kellergeschoß herauf, machte den Holzhaken, der an den Gartenzaun gebunden war, weg, probierte, ob der eiserne Haken an der langen, dünngehaspelten tannenen Stange nicht lotterte, richtete das Säcklein mit Stricken, Nägeln und dem Hammer hin, holte den Leseholzzettel, der in ein kleines Flanellbeutelchen gebunden war, aus der obersten Kommodschublade und legte ihn auf den Tisch.

Am anderen Morgen aber gings hinaus, wenn der Nebel noch in den Senkungen lag, wenn das Gras noch patschnaß war, so daß einem die Rispen und Blüten an den Schuhen hängenblieben. Horch! — da hört man schon einen Schubkarren holpern. Was war denn das für eine Nachteule? Der hatte sogar einen Haken. Den hörte man hoppeln; denn man hängte den Haken an einem der eisernen Ständerbogen des Karrens ein, so daß die baumlange Stange im Gras glatt nachschleifte, auf holperigen Wegen aber, hoperdihopp, unruhig hüpfte. Daß der Karren nicht so einseitig hinunterzog, nahm man das Tragband nur über eine Schulter. Es war aber viel schneidiger, wenn man keines brauchte und den Karren, besonders den geladenen, so gleichgewichten konnte.

Nicht alle gingen mit dem Haken hinaus. Sie lasen nur Holz vom Boden auf. Wenn kein Sturm gewesen war, fand man nur Rabenreislein. Wir legten aber unseren ganzen Stolz in die Prügel. Den längsten Haken hatte der Schmiedsjosef. Er brachte ihn aber kaum hinauf und hatte doch Kraft wie ein Bär. Man fand nicht heraus, wo er die Stange herhatte.

Im Hinaus brauchte man nicht abzustellen. Der Karren war ja federleicht. Man drehte sich bloß immer wieder herum, blieb schnell stehen und horchte, wo man einen Karren fahren hörte.

Durch den Wald mußte man mit dem Haken aufpassen. Er konnte leicht abknicken, wenn es im Bogen ging. Man suchte einen geschickten Platz und stellte dort ab. Dann kam die Hauptschinderei, bis man den Haken aufgestellt hatte. Man stützte ihn gegen eine kräftige Wurzel oder einen geschickten

Baumstumpf und stemmte ihn langsam hinauf. Und nun trug man ihn sachte, daß er das Übergewicht nicht bekam, und lickerte die dürren Äste heraus. Man hakte weit außen ein und zog. Ho-hopp, ho-hopp! War das ein zäher Klob! Da — krach! knackte er ab. Man mußte aufpassen und mit dem Haken ein bißchen nach außen drücken, daß man nichts auf den Kopf bekam, aber he! — nicht zu sehr drücken, sonst fiel die Hakenstange mit, und man mußte sie wieder aufstellen. Das mußte man sowieso all Augenblick. Denn wenn die Bäume zu dicht standen, kam man mit der aufgestellten Stange nicht durch. Daß ich's recht sage: Das Herunterreißen war gar nicht so einfach. Oft krachte der Ast auf den ersten Rucker, aber er blieb dann, wie wenn ers mit Fleiß täte, noch eine Weile in dem Gezweig hängen. Oft dachte man, man habe einen Prachtskerl, er war aber am Baum innen nicht ganz dürr, er schlitzte ein Stück weit, und man hätte ihn mit aller Gewalt nicht mehr vollends heruntergebracht.

Wenn einem das Genick wehtat vom Hinaufschauen, und wenn man die Augen kaum mehr aufbrachte, weil sie voller Rindenstaub waren, dann hängte man den Haken an einen Ast und trug seine hölzerne Ernte beim Schubkarren zusammen. Nun kam das Buschelmachen. Man legte zwei Stricke im rechten Abstand auf den Boden, knickte die Äste überm Knie und legte sie auf die Stricke. Bei den dickeren ging das Brechen nicht so leicht. Man stand mit dem einen Fuß darauf, packte an einer Seite an und zog, und zog sich selbst über den Haufen, wenn der Klob gar nicht nachgeben wollte. Ein Beil durfte man nicht mitnehmen. Aber in der Nähe standen zwei Bäume dicht nebeneinander. Hinein mit dem ungäben Ast und mit dem Bauch gegen das lange Ende gedrückt. Ho-ruck, ho-ruck, bis es einen Kracher tat. Manche hängten sich auch daran und zogen. Das kam ganz darauf an, ob einer lieber auf die Nase oder auf den Rücken fiel.

Man durfte die Buscheln nicht zu lang machen, sonst kam man nachher nicht durch die Bäume und hatte ein wackeliges Fahren. Die Buscheln mußten fest gebunden sein, sonst verrutschte einem die ganze Fuhre. Deshalb kniete man darauf, wenn man sie band, und drückte, daß einem der siedende Schweiß ausbrach. Ja, und dann das Laden! Das verstanden wenige richtig. Am besten wieder der Josef, die alte Holzkatz. Eine Buschel mußte weit über den Bock heraushängen und durfte doch nicht am Rad streifen. Es durfte nichts nachgeben. Der dicke Strick, der von dem Ring an der oberen Bockleiste über den ganzen Holzberg bis an die dritte oder noch besser an die zweite Bahrenlatte von hinten ging, mußte mit einem Prügel strammgedreht werden. „Gut g'ringt ist halba gfahra“, sagte die Dote, wenn sie nach Feierabend manchmal herauskam, um helfen einzuführen. Da stand der geladene Karren! Kein Bauer kann an seinem schönsten Garbenwagen eine größere Freude haben. Das waren nicht bloß Reislein, wie's die Aufklauber heimbrachten! Die dicken, krachdürren Äste, in der Dicke rum und num gleichmäßig verteilt, guckten heraus, und an manchem zog man noch ein bißchen, wenn man ihn nicht recht sah.

„Die hent wieder Prügel rei wie d' Wiesbäum", sollten sie sagen, wenn man heimfuhr.

Aber was sag ich da vom Heimfahren! Da ists noch weit hin — denn das Vespersäckle ist ja noch zu. Oh, ich sehe dieses rot- und blaukarierte Säckle vor mir. Ich sehe, wie ich den Bändel aufnestle und dann auswickle, was die Mutter eingepackt hat. Ein Schmalzbrot oder ein trockenes Ribele und ein paar langschwänzige Rettiche, die rundherum gerädelt waren, daß man sie ausziehen konnte wie eine Zugharmonika. Vielleicht kommt auch — ich will tief hineinlangen — ein Apfel heraus oder eine Handvoll getrocknete Schlehen. Das Beste aber ist im Fläschchen! Es hat mir kein Trunk mehr so gut geschmeckt, kein Champagner und kein Moselwein, wie damals der schwarze Kaffee aus dem Fläschle. Wenn's noch nicht spät war, wenn die Sonnenstrahlen noch nicht so schräg durch den Wald fielen, und wenn es Erdbeerzeit war, dann wußte ich etwas ganz Köstliches. Ich beerte eine gehäufelte Hand voll und strich die weichen, frischen Früchtlein aufs Brot. Mmm! Kein Schultheiß kann ein besseres Vesper haben.

Hernach zog ich die Schuhe aus — Strümpfe hatte man keine an — und band sie mit den Nesteln ans Holz, streckte mich und legte mich alsderlang hin. Ich lag auf dem ästleinknackenden, laubrascheligen Waldboden wie im weichsten Himmelbett. Ich blinzelte in das blaugrüngoldene Lichtgespiel der Wipfel, und das sommerselige Hummelgesumm, das Zirpen und Wispern und Rascheln im Laub kam mir vor wie die schönste Königsmusik. Es schlägt ein Fink, das ist der Schellenbaum, und nun wird die Musik immer heller, und sie kommt näher und näher. Am Waldsaum und auf den Wiesen stehen hunderttausend Menschen. Dann kommt der König auf dem Schimmel. Sein goldener Helm glänzt in der Sonne, und die Edelsteine auf seiner Brust funkeln, daß einem die Augen wehtun. Er läßt halten. Und jetzt müssen alle Holzleute an ihm vorbei. Er winkt immer. Weiter, weiter! Aber bei mir hält er die Hand hinauf. Ich muß abstellen. Da sagt er: „Der Bub hat den größten Karren voll.“ Er winkt seinem Minister, und der winkt seinem Diener, und der winkt seinem Knecht, und der winkt dem Stallbuben. Und der Stallbub knallt. Dann gibt er mir vom König einen schönen Leiterwagen, davor ein glänziger Rapp gespannt ist. Und jetzt steh ich auf dem Wagen. Ja, nun fahr ich mit meinem Rappen ins Holz! Ich knall mit der Peitsche. Die Musik spielt. Über mir ist's wie ein goldener Dom, und ich fahre in eine goldene Wolke hinein ...

„He, Bua! was isch? Hoscht aber fest gschaffet!" Die Dote ist's. Sie packt die Säcklein zusammen, stopft sie zwischen die Buscheln und legt sich das Tragband über die Schultern. Ich ziehe den Haken. Was ist denn das? Ich stolpere so oft über die Wurzeln. Vor dem Wald draußen unter der großen Hainbuche wechseln wir. „Do hast a noble Fuhr", sagte die Dote. „Dees machet mer glei heut no auf, 's bleibt ja lang Tag, und no hemmer ja au Vollmond em Kalender." So hat mich seither kein Lob mehr gefreut.

Zwischen den Wiesen, auf den Höhen, auf der Straße, überall sah man die Holzkarren fahren. Der Schäfer trieb in den Pferch. Die Lerchen stiegen herab, und der rote Sonnenball verschwand hinter dem blauen Wald. Die Knie zitterten, und an den Händen spürte man die Blasen. Das Blut surrte in den Ohren. „Stell ab, Bua!" „Ach was, i schieb en voll nei, er ist ja hopfaleicht!"

O Holztag, o du arme, du reiche, du glückschwere Jugendzeit!

XIV.

DER SELTSAME IGEL

Es ist eine selige Zeit, solange einem kein Loch in der Hose und kein Fleck auf den Schuhen etwas ausmacht. Aber es kommt wohl für jeden die Zeit, in der er ein wenig eitel wird. Sie kam auch für mich, und eines Abends sagte ich zu der Mutter, meine Schuhe seien allmählich so verriestert, sie seien oben herum auch viel zu groß, so daß sie weit vom Schienbein wegstünden. Die andern lachten mich aus. Ich brauche ein Paar neue.

Das war ungefähr zur selben Zeit, in der ich auf einmal nicht mehr leiden konnte, wenn mich die Mutter an der Hand nahm, wenn ich neben ihr ging. Ich schaute jedesmal aufgeregt herum, ob nicht einer von den Buben kam. Einmal, daran erinnere ich mich noch genau, kam einer, mit dem ich sonst kaum einmal ein Wort sprach. Jetzt aber lief ich schnell von der Mutter weg, dem Kerl entgegen, so, als freue ich mich, ihn zu sehen. Das war aber nicht so. Ich lief nur, um von der Mutterhand wegzukommen und so wußte ich, als ich bei dem andern war, auch gar nicht, was ich sagen sollte und ich fragte ihn, was mir im Grunde ganz gleichgültig war, ob er seine Aufgaben schon gemacht habe. Dann lief ich wieder zu der Mutter hin, drehte mich noch einmal um und rief dem andern nach: „Servus!" Ich schnalzte noch mit der Zunge und warf einen Arm in die Luft.

Die Mutter merkte die Veränderung wohl, die in mir vorging. Aber sie dachte sich jedenfalls, so komme es eben, wenn die Buben größer würden. Später bekam ich heraus, daß sie manchmal auch gedacht hat, ich schämte mich vielleicht an ihr; weil sie keine noble Frau war, weil ihre alte, schwarze Bluse allmählich grünlich schimmerte, weil sie ein müdes und faltiges Gesicht hatte. Sie war manchmal nach dem Geschäft müde zum Umfallen. Aber das hatte alles keinen Wert, sie mußte sich zusammennehmen, sie mußte ihre Haushaltung noch schaffen, mit Kochen und Waschen und Bügeln und Nähen und Flicken, wozu andere Frauen den ganzen Tag über Zeit hatten. Da war es kein Wunder, daß es ihr nicht sehr zum Lachen war und daß sie alt und müde wurde.

Es war ihr bis jetzt nichts zu viel gewesen, aber

der Bub war ja ordentlich und mit allem zufrieden, was sie ihm geben und anziehen konnte. Darüber hatte sie ganz vergessen, daß sie ein schweres Leben hatte. Wenn der Bub nun aber so anfing? Wenn ihm heute seine Schuhe nicht mehr paßten, dann wollte sie nur sehen, mit was er morgen kam. Dann fing wohl bald auch das Maulen und Widerreden an, das sie bei manchen mit Schrecken beobachtete.

Es gehörte zu meinen selbstverständlichen Arbeiten auch, daß ich jeden Abend vor dem Haus die Schuhe putzte. Dabei sah ich nun einmal, daß die Sohlen an Mutters Schuhen durchgelaufen waren. Ich sagte am nächsten Morgen, als sie hineinschlüpfte, daß ihre Schuhe zum Schuhmacher müßten. Dazu habe sie kein Geld, meinte sie. Draußen regnete es heftig. Als sie mit ihren dünnen, durchgelaufenen Schuhen hinauswollte, sagte ich, warum sie keinen Schirm mitnehme und keinen Mantel anziehe. Weil sie keinen Schirm und auch keinen Mantel habe. Es gehe auch so. Sie sei seither mit ihrem breiten Kopftuch ausgekommen, das man über die Schultern ziehen könne. Das Wasser trockne wieder. Jetzt müsse sie an Schuhe für mich denken, denn in den meinen lachten mich die Leute ja aus.

An jenem Tag brachte ich meine Gedanken in der Schule nicht zusammen. Es ging mir zu viel durch den Kopf. Was kostete eigentlich das Schuhbesohlen? Oder Schuhe? Oder ein Mantel? Warum hatte die Mutter eigentlich kein Geld? Ich hatte wohl schon gesehen, wie sie am Zahltag den Lohn aus der gelben Zahltagstüte genommen hatte. Es war mir aber noch nie eingefallen, darüber nachzudenken, wieviel Geld darin war. Mir war das kleine Gückchen wichtiger gewesen, denn es hatte auf seiner Vorderseite ein kleines Fenster aus Ölpapier. Ich wußte, daß die Mutter die Gückchen in der kleinen Schatulle auf der Kommode aufhob. Ich wußte auch, daß auf der Rückseite allerlei draufgedruckt und mancherlei Zahlen aufgeschrieben waren. Vielleicht stand dort, wie viel Lohn die Mutter bekam.

Nach der Schule lief ich an das Schaufenster eines Schuhmachers. Dann an das eines Kleidergeschäfts. Daheim studierte ich die Rückseiten der Zahltagstüten. Und dann fing ich an zu rechnen, wie lange die Mutter um ein Paar Schuhe und um einen Mantel schaffen mußte. Was das Sach kostete, Salz, Butter, Fleisch, Brot, ein Hering und ein paar Rädchen Wurst, Waschpulver, wußte ich vom Einkaufen. Alles kostete Geld, und alles Geld mußte die Mutter verdienen. Der Kopf glühte mir. Das war die wichtigste Rechenstunde meines Lebens. Es kam mir vor, als wäre ich auf einmal ein paar Jahre älter geworden.

An dem Abend holte ich die Mutter wieder einmal am Geschäft ab. Ich drückte das Gesicht in das Gittertor in der grauen Fabrikmauer, bis die Sirenen heulten. Dann gingen die Torflügel auf und über die weiten Fabrikhöfe kamen die Männer und Frauen. Und irgendwo im Trubel sah ich geschwind eine bräunliche langärmelige wollene Bluse und eine schwarze Schürze. Jetzt mußte ich aufpassen, daß ich mich rechtzeitig neben die Mutter drängelte. Nachher konnte man die Arbeitermauer kaum noch durchbrechen. Ich griff nach Mutters Hand. Es sah einen Augenblick lang so aus, als liege ein verschüchtertes Lächeln in ihrem müden Gesicht.

Als sie daheim ihre Vesperbrottasche auf den Tisch gestellt hatte, holte ich daraus, solange sie das Herdfeuer machte, die Stecknadelpaketchen und die Nadelkissen, die größer waren als eine Männerfaust. Es waren Talgkugeln, die in einen wollenen Lappen eingenäht waren. Die Nadeln steckten in vielen Reihen in einem langen, vielfach zusammengefalteten roten Papierstreifen. Ich mußte die Nadeln nun aus dem Streifen in die Talgkugeln stecken. Dadurch wurden sie leicht eingefettet und gingen dann leichter in die Etiketten, die die Mutter an den Stoff zu heften hatte. Das war alles, womit ich bei ihrer mühseligen und langen Tagelohnarbeit helfen konnte; das war leider alles.

An einem Abend hatte der Heiner, wie schon oft, beim Glufenstecken geholfen und beim Heimgehen, ohne daß ich es bemerkt hatte, in seiner Bluse versteckt, das größte der Talgkissen mitgenommen.

Er hatte in der Schule einen Nebensitzer, von dem er, was zweifelsohne übertrieben war, behauptete, daß er der größte Verschwätzer und auch der größte Feigling auf Gottes Erdboden sei. Vor jeder Maus und vor jedem Frosch habe der Angst. Aber Verpatzen, das könne er. Der Heiner ging so weit zu sagen, der Lehrer täte ihm den größten Gefallen, wenn er ihn als Letzten hinsetzen würde, bloß daß er von diesem ekelhaften Kerl wegkäme.

Am andern Morgen hatte er, wie an jedem Morgen, bevor der Lehrer in die Klasse kam, wieder einen Streit mit seinem Nachbarn, das heißt, er flüsterte mit halbhingewandtem Kopfe, aber doch so weit von ihm wegbleibend, als es irgend ging, zu ihm hinüber. Es war jeden Morgen etwa dasselbe. Und der andere hörte sich's in derselben Weise an, ein wenig lächelnd, die Hände musterhaft nebeneinander auf der Bankplatte. An dem Tage aber, und das fiel mir auf, sagte der Heiner noch dazu: „Du ghörst auf en Igel gsetzt, daß dr d'Stachla an de Achsla rausgucket." Und da geschah das Außergewöhnliche: der andere wandte sich um und sagte erregt: „Du könntest's bloß probiera!" „I probier's, des garantier i dir!" sagte der Heiner. Ich wußte ja nicht, daß er einen festen Plan hatte, den er in der Rechenstunde auch schon ausführte.

Er sollte Kopfrechnen. Er stand da und boxte hilfeheischend nach rechts. Aber es ward ihm keinerlei Hilfe zuteil. Von hinten flüsterten sie ihm falsche Dinge zu. Mag auch sein, daß er sie, wie es bei leichter Erregung bisweilen geschieht, falsch verstanden hat. Unser Lehrer zupfte ihn ein bißchen, mehr scherzend als strafend, milde etwa denkend: No, Heinerle, wirst's scho no lerna, am Ohr, legte ihm die Hand auf den Kopf und drückte ihn auf seinen Platz. Dann kam der andere. Das ging! Ja, da mußte man nur horchen. Er konnte sich gleich wieder setzen.

Der Heiner hatte gelauert wie ein Wildschütz. Und als sich der andere in den Knien rührte, schob er rasch das vollbesteckte Talgkissen rechts neben sich auf die Bank, so sicher, daß der Kerl, der schon wieder mit den Händen die Tischplatte umklammerte und der nun gewiß nicht mehr wagen würde, sie loszulassen, es niedersitzend unmöglich verfehlen konnte. Der Heiner schielte hinüber, auf die Gefahr hin, von den nächsten Rechnungen nachher auch noch nicht einmal eine einzige Zahl zu wissen. War ihm doch ganz egal. Und es lohnte sich, daß er hinüberschielte. Den Kerl schüttelte es. Der bekam eine Gänsehaut an den Händen; aber er wagte nicht, die Hände wegzutun. Er saß nur auf Nadeln, die dazuhin die Köpfe nach oben streckten. Aber er glaubte ja, auf einem Igel zu sitzen. Er spürte, wie der Igel ganz langsam zusammengedrückt wurde. Ob Igel bissen? Er klammerte sich an seine Bankplatte. Er versuchte, sich so, schwebend gewissermaßen, zu erheben, ohne daß man es merken konnte. Es ging nicht. Ob Igel schreien konnten? Es wurde ihm heiß und kalt. Er verfärbte sich, er konnte nicht mehr. Er sprang auf und rief: „Der Weber hat mir einen Igel nunter!“ Das andere ging vollends rasch. Die andern lachten. Man konnte meinen, ein paar müßten am Husten ersticken. Ich hätte gerne auch mitgelacht, wenn nicht unser Lehrer schon neben mir gestanden wäre. An dem Talgkissen war nämlich unten auf einem weißen leinenen Streifchen der Name meiner Mutter angenäht.

Der Lehrer nahm den Heiner und mich ins Konferenzzimmer. Gelobt hat er uns nicht. Aber es war mir, als hätte er eigentlich, solange er schimpfte, das Lachen verhalten müssen. Er machte die Tür auf, gab jedem eine Ohrfeige und sagte: „Ihr seid doch Erzspitzbuben!“

Als wir nach vielen Jahren wieder einmal beieinander waren, wir hatten inzwischen selber Kinder, und als wir uns wieder an die Igelgeschichte erinnerten, sprang der Heiner auf, packte mich an den Schultern und fragte: „Sag, lebt unser alter Lehrer Dongus noch?“ „Ja, er lebt noch.“ „Dann wollen wir ihm schreiben.“ „Ja, das wollen wir tun.“

Jetzt fiel uns eines nach dem andern wieder ein. Wir waren damals hundertundacht Buben in einer Klasse gewesen. Wie viel man doch vergessen hatte.

„Weißt du noch“, sagte der Heiner, „daß Herr Dongus meinen Griffelkasten, der jetzt hier auf dem Tisch liegt, einmal betrachtet hat und daß er mich gefragt hat, was die beiden anderen Buchstaben, die unter meine eigenen Anfangsbuchstaben gebrannt sind, bedeuten sollten? Ich habe damals auf dich hingezeigt, und er hat uns dann auch mit ins Lehrerzimmer genommen, aber nicht zu einer Ohrfeige. Weiß du noch, wie er uns die Hände auf die Schultern gelegt und gesagt hat: ‚Buben, eure Wege werden vielleicht einmal weit auseinanderlaufen im Leben. Denket dann daran, daß ihr einmal um eure Namen auf dem Deckel von Heiners Griffelkasten mit dem Brennglas einen Ring gebrannt habt. So ein Ring ist etwas vom Schönsten, was euch das Leben geben kann.‘“

„Ja ja, ich weiß noch. Und in diesen Tagen haben wir ja nun, wenn wir es nicht vorher schon gewußt hätten, wieder erfahren, daß er recht gehabt hat mit dem, was er da von solch einem Ring gesagt hat.“

Den Brief, den ich dann spät in der Nacht noch schrieb, schloß ich: „Jetzt sitzt der Heiner mir am Tische gegenüber. Er schnitzt mit seinem Taschenmesser, mit dem er schon als Bub gut umzugehen verstand, neben den Ring um unsere Namen ein paar Zahlen. Es ist das Datum dieses schönen heutigen Tages, an dem wir auch unseres alten Lehrers dankbar gedenken ... “.

XV.

LASSET UNS GUTES TUN AN JEDERMANN

In meiner Heimat liegt der Friedhof auf einem Hügel, der sich fast mitten in der Stadt erhebt und der seit alters der Totenberg heißt. Sein Name ist zwar ernst und dunkel, sein Aussehen aber ist hell und heiter, und der Totenberg mit Weidegras und Thymianbüscheln weit um die Friedhofmauer her, mit Linden und Hainbuchen war uns als Buben ein lieber, lichter Spielplatz. Auch vor dem Friedhof selber war uns keineswegs bange. Düstere Zypressen gedeihen schlecht auf unserem Totenberg, um so besser aber Weiß- und Rotdorn, Flieder und anderes freundliches Gebüsch. So gingen wir manchmal, wenn wir des Raufens und Rennens, des Purzelbaummachens und Radschlagens unter den Bäumen müde waren, noch ein wenig auf den hellen Kieswegen zwischen den Gräberreihen hin. Wir studierten die vielerlei Inschriften und wir hielten uns an seltsamen Namen und Titeln auf, auch an allerlei Grabsteinen und Figuren, die uns besonders kunstvoll dünkten. Wir sprachen dann leise miteinander, denn daß man im Friedhof nicht schreien und nicht lachen durfte, das wußten wir wohl. Einmal haben wir es freilich beide ganz vergessen, der Heiner und ich. Da haben wir vor einem Grabstein laut hinausgeschrien und gelacht, daß uns ein Mann mit dem Hackenstiel gedroht und Anstalten gemacht hat, uns nachzulaufen. Das war vor Allerheiligen, als auf dem Grab unserer verstorbenen Nachbarin Barbara Schmied auf einmal ein Grabstein stand.

Zu unserer Bubenzeit war das Geld knapp, und wenn wir nicht einfach ganz darauf verzichten wollten, mußten wir schauen, wo wir ein paar Pfennige verdienen konnten. Da konnte man zum Beispiel Lesemappen austragen, auch Bücher für einen Buchhändler; man konnte bei den Fuhrhaltern Pferde und bei den jungen Arbeitern Fahrräder putzen, man konnte in der Nachbarschaft herum bei alten Leuten Holz machen, und wenn es mit dem allem nichts war, konnten wir einer Witfrau, die schlecht zu Fuß war, eben Frau Barbara Schmied, ihr Sach einkaufen. Das taten wir aber nur, wenn alle andern Stränge rissen, denn Frau Schmied, allgemein d'-Schmieda-Bäbe genannt, verlangte viel und mit dem

Lohn war es bei ihr nicht weit her, ganz abgesehen davon, daß sie ihn meist in Naturalien auszahlte. Aber in der Not frißt der Teufel Fliegen, und wir waren oft in Not.

Dann läuteten wir bei ihr und fragten am Haus hinauf, ob wir ihr etwas besorgen sollten. Wenn sie etwas brauchte, gab sie uns einen großen Henkelkorb mit einem zweiflügeligen Deckel und erklärte uns unseren Auftrag. Das Kraut sollten wir beim Gärtner Müller holen, aber für das Häuptle ja nicht mehr als acht Pfennig bezahlen und darauf schauen, daß es große und feste und schöne Häuptla seien, und nicht so wenig Schnittlauch und Peterling bringen wie das letzte Mal. Aber weiter: Die Kartoffeln vom Bader im unteren Flügel, am anderen Ende der Stadt, aber unter allen Umständen Mäusla, zum Salat. Zum Fleisch vom Metzger Bauder im Schwanengäßle auch schöne Knochen. Das Brot vom Bäcker Kienle in der Hauptstraße, aber nicht wieder so dunkel, und nicht zu neubacken, aber natürlich auch nicht von vorgestern. Und dann noch dies und jenes. Der Korb wurde jedesmal voll bis obenhin. Und wir sollten ja jedesmal dazusagen, einen schönen Gruß von der Frau Schmied, und man solle auch gut wiegen und ein bißchen etwas Übriges tun für eine Witfrau, die schon seit über zwanzig Jahren ins Geschäft komme. Und ja die Zettel mit dem Preis darauf mitbringen. Als letztes stand jedesmal ein Hering auf der langen Liste, aber vom Hornung in der Stadt, nicht von der Stegmaiere im nächsten Lädle, und viel Brüh und Zwiebel dazu. Das war am ganzen Auftrag das dümmste. Wenn sie uns wenigstens eine Schüssel mitgegeben hätte und einen Deckel zum Zudecken. Sie gab uns aber nur einen Teller mit, und so mußte eben, wenn man nicht die halbe Soße verschütten wollte, einer von uns den Teller mit beiden Händen tragen, und da ich der körperlich Geringere war, nahm der Heiner jedesmal den schweren Korb, und ich konnte mit dem Hering in der Brühe durch die halbe Stadt gehen und zum Gespött der Leute daherkommen, als wenn ich auf Eiern ginge.

Wenn wir dann daheim waren, wurde unser Einkauf gründlich visitiert und kritisiert. Es fing an beim Schnittlauch, der ja schon ganz welk sei, und es hörte auf bei den kleinen Kartoffeln, die wir uns da wieder hätten aufhängen lassen. Und dann hätten wir wieder viel zu viel Geld ausgegeben. Aber natürlich, es gehe ja nur aus dem Beutel der Frau Schmied, da könne man ruhig drauf hineinhausen.

So konnte sie eine ganze Weile fortbrutteln, indes wir ungeduldig auf unseren Lohn warteten. Plötzlich änderte sie dann allemal ihre Tonart. Dann stieg unsere Spannung aufs äußerste, denn nun entschied es sich, ob wir mit Geld oder auf andere Weise abgefunden würden. Im einen Fall sagte sie meistens, nun wolle sie halt wieder ein Übriges tun und uns miteinander ein Zehnerle geben, denn einen fröhlichen Geber habe Gott lieb. Du liebe Zeit, meinte sie bisweilen, was hätte man zu ihrer Zeit für einen Satz gemacht, wenn einem einer ein ganzes Zehnerle geschenkt hätte! Aber heutzutage estimiere ja die Jugend das Geld nicht mehr. Sie wolle nur sehen, wo das noch hinführe. Aber sie lasse sich nicht beirren. Sie halte sich ganz einfach an ihren Lieblingsspruch: „Wohlzutun und mitzuteilen vergesset nicht, denn solche Opfer gefallen Gott wohl." Dann drückte sie jedem von uns ein Fünferle in die Hand. Manchmal rief sie mich, wenn wir schon draußen waren, nochmals zurück, gab mir ein paar Stückchen Zucker, blinzelte bedeutungsvoll und machte eine Geste, die etwa sagen wollte: Schiebs ein, die gehen den andern nichts an. Durchs Treppenhaus rief sie uns dann in der Regel noch nach: „Aber verputzet nicht alles! Tut auch etwas davon in euren Sparhafen!"

Warum sie gerade mir eine Sonderzulage gab, konnten wir uns beim besten Willen nicht erklären, denn der Heiner war viel freundlicher und gefälliger zu ihr als ich. „Sie kann dich halt besser leiden, oder vielleicht, weil du evangelisch bist", meinte er einmal. „Du spinnst ja", sagte ich da und lachte. Denn daß die paar Zuckerbrocken etwas mit dem Glauben zu tun haben sollten, darüber lachten ja die Hühner.

Der andere Fall, daß wir nämlich nicht in bar ausbezahlt wurden, war der weitaus häufigere. Meist sagte die Schmieda-Bäbe, es sei eine teure Zeit, und wo wir jetzt wieder so viel Geld fortgetragen hätten, wisse sie beim besten Willen nicht, wie sie den Monat vollends hinauskommen solle. So wolle sie uns diesesmal ein Brot herunterschneiden um den ganzen Laib herum und das Gsälz fingerdick draufstreichen. Das nächstemal wolle sie dann wieder um so tiefer in den Beutel greifen, und wir sollten uns nur auch merken, daß geschrieben sei: „Hast du viel, so gib reichlich, hast du wenig, so gib doch das Wenige mit treuem Herzen." Ja ja, das Gsälzbrot komme wirklich von Herzen.

Wir hätten ja noch gar nichts sagen wollen, wenn in dem Zwetschgengsälz nicht noch die Häute und die Steine mit drin gewesen wären. So hatte man gerade zu spucken. Wir schimpften wie die Rohrspatzen und wir nahmen uns vor, ihr nie mehr etwas zu holen. Wir gingen aber immer wieder hin, denn, wie gesagt, in der Not frißt der Teufel Fliegen; bis es dann eines Tages im Frühjahr hieß, die Schmieda-Bäbe sei plötzlich gestorben.

Auf Allerheiligen war dann ihr Grab eingefaßt und es stand ein hoher Stein darauf. Sie soll alles selber bestellt und im voraus bezahlt haben. Auch den Text für die schwarze, geschliffene Marmortafel soll sie selber aufgesetzt und beim Notar hinterlegt haben. Und dieser Text war es, worüber wir dann einmal ganz vergessen haben, was sich auf dem Kirchhof gehört. Da standen nämlich unter ihrem Namen zwei Sprüche. Zum ersten: „Sehet zu und hütet euch vor dem Geiz, denn niemand lebt davon, daß er viele Güter habe. Lukas 12, Vers 15." Zum zweiten: „Lasset uns Gutes tun an jedermann, allermeist aber an des Glaubens Genossen. Galater 6, Vers 10."

Als wir das gelesen hatten, schauten wir einander an, und dann platzten wir heraus. Dann beugte sich der Heiner über die Platte, zeigte mit dem Finger auf das Wort „jedermann" und sagte: „Das bin ich." Dann zeigte er auf die drei Worte „des Glaubens Genossen" und sagte: „Das da bist du!" Und als ich ihn fragend ansah, meinte er: „Ha ja, der Zucker!" Da lachte auch ich. Dann aber mußten wir laufen, denn wir sahen, wie gesagt, einen Mann mit drohend geschwungener Hacke zu uns herüberkommen.

XVI.

IM STORCHENNEST

Auf dem vordersten Eck des Schmittenbergs, wo der Wald aufhört und von wo aus es dann steil und felsig hinuntergeht an die Brenz, steht ein Aussichtsturm, ein hoher Betonbau, in dessen grobem Verputz unzählige kleine, flache und runde Kieselsteine eingebettet sind. Dieser Turm hat zwei Umgänge, einen breiten unteren, auf dem Steinbänke stehen, nach jeder Himmelsrichtung eine, und einen oberen schmalen. Dort steht man schon über den Gipfeln der Bäume. Man sieht das ganze Tal hinauf und hinunter, und genau unterhalb auf die Dächer und Höfe der Manufaktur. Innen im Turm geht eine enge, steinerne Wendeltreppe hinauf. Durch ein paar Schlitze in der dicken Turmmauer kommt etwas Helligkeit herein.

Uns war der obere Kranz nicht hoch genug. Der Turm geht von dort aus noch etwa fünf Meter höher hinauf. Dieser oberste massive Teil ist aber nur zur Verzierung da, damit der Turm nicht so abgehackt aussieht, und es geht da weder innen noch außen eine Treppe oder eine Leiter hinauf. Oben auf der gewölbten, vielleicht zwei Meter breiten Kuppe, steht eine große eiserne Pfanne mit kniehohem Rand auf vier eisernen Füßen. Vielleicht hatte der Baumeister seinerzeit gemeint, dort nisteten sich Störche ein.

Diese Pfanne, in der wir, ohne die Beine anziehen zu müssen, zu zweit bequem sitzen konnten, war eine Zeitlang unser Lieblingsplatz.

Man mußte an der Fahnenstange hinaufklettern, die mit drei eisernen Haken an der Mauer befestigt war. Ich kann mir nicht denken, daß an dieser Stange je eine Fahne wehte.

Die Nestpfanne sieht man nur von ziemlicher Entfernung. Von den Umgängen aus ist nichts von ihr zu sehen. Wenn wir auf den oberen Aussichtskranz hinunterschauen wollten, mußten wir uns weit über den Pfannenrand hinausbeugen. Vom unteren Kranz mit den Bänken sah man von droben überhaupt nichts.

Wir wußten, daß Störche ihre Nester aus Reisig bauen. Gesehen hatten wir noch nie einen Storch. So bauten wir zeitig im Frühjahr, kaum daß der Schnee weg war, ein kunstvolles Nest aus den schönsten dürren Buchen- und Birkenreisern in die Pfanne hinein. Danach schauten wir uns Tag für Tag und mehrmals am Tag fast die Augen nach unseren Störchen aus. Es kam aber keiner. Die Störche wollen Menschen zu ihren Füßen haben, denen sie etwas vorklappern und auf die sie in stolzer Überheblichkeit herabfallen lassen können, was von ihren Froschmahlzeiten am Ende übrig bleibt.

Es hätte dieses Nestbaus wegen zwischen dem Heiner und mir fast Händel gegeben. Ich war nämlich der Meinung, daß es ruhig das ganze Viertel, ja sogar die ganze Stadt wissen dürfe, wer das Nest in die Aussichtsturmpfanne hinaufgebaut habe, denn wenn dann die Störche da wären, kämen auch wir in die Zeitung, und dann würden wir berühmt. „Du Simpel", sagte er, „Du bist ja verrückt! Man darf doch gar nicht auf die Kachel hinauf. Dann werden wir womöglich noch gestraft, und dann gibts daheim und in der Schule, daß das Meerrohr abknallt. Wir könnten dann auch nie mehr hinauf. Bloß nicht in die Zeitung hinein! Das ist das Allerdümmste. Dann hat man überhaupt keine Ruhe mehr und nur noch Ärger."

Ich habe leider im Leben erfahren müssen, wie recht er hatte. Und daß er mir damals nicht nachgegeben hat, so daß ich das Maul habe halten müssen, war ein großes Glück, wie es meist ein Glück für mich war, wenn ich auf gescheitere Leute gehört und nachgegeben habe.

Zuerst einmal: Es kamen damals gar keine Störche. Das ärgerte uns schwer, denn es war gar nicht so leicht gewesen, das Reisig hinaufzubringen. Daß die Störche die kleinen Wickelkinder bringen, das glaubten wir damals schon lange nicht mehr. Jetzt bezweifelten wir, daß es überhaupt Störche gebe. Und erst als wir uns in einem Buch aus der Arbeiterbibliothek der Manufaktur, der wichtigsten Bibliothek von allen, in die ich gekommen bin, überzeugt hatten, daß es von diesen Langbeinern sogar mehrerlei gebe, gingen wir daran, aus Stecken, Draht, Holzwolle und roten, weißen und schwarzen Lumpen ein Paar des weißen Storches, auch Klapperstorch oder Adebar genannt, zu fabrizieren. Zwischen Männchen und Weibchen machten wir keinen Unterschied. Wir hätten ihn auch nicht gewußt. Schön wurde sowieso keines von beiden; aber aus so großer Entfernung sahen sie schon wie Störche aus. Wir packten sie sorgfältig in zwei große Frauenröcke aus der unteren Kommodschublade auf der Bühne, schlichen auf unseren geheimsten Schleichwegen durch den Wald, lauerten wie die Wilderer, ob die Luft um den Aussichtsturm herum sauber war, rannten die Treppe hinauf, dann kletterte der Heiner voraus, ich band die Bündel an den Fahnendraht, zog, und schon waren sie droben. Wir stellten die Störche ins Nest, machten sie mit Draht vom Pfannenrand aus fest, daß sie nicht umfallen konnten und sagten immer wieder: „Mensch, das ist gut, die werden gucken! Das gibt eine Gaude."

Und im Übermut warfen wir die beiden weiten Röcke einfach hinaus in die Luft, so daß sie dem Schwung nach auf die untere Terrasse hätten fallen müssen. In einen mußte aber der Wind gefahren sein, er wurde aufgeblasen wie ein Fallschirm. Es nahm ihn dann ein ganzes Stück weit mit hinaus, und dann verfing er sich im obersten Gipfel einer Buche beim Turm. Da soweit keiner von uns hinaufgekommen wäre, ließen wir ihn hängen, denn wir mußten jetzt machen, daß wir fortkamen, nicht daß uns noch jemand erwischte.

Wir wissen nicht, was aus dem Rock geworden ist. Er hing lange im Buchengipfel und wehte im Wind. Dann war er auf einmal nicht mehr da. Vielleicht hat ihn ein starker Sturm heruntergeworfen, vielleicht hat ihn jemand mitgenommen, vielleicht hat ihn auch die Polizei geholt, denn ein guter, fester Frauenrock im Gipfel eines Baumes, da stimmte irgend etwas nicht.

Unsere Störche haben wir acht Tage später selber wieder heruntergetan, nachdem sich die Aufregung in der Stadt gelegt hatte. Wäre es bei ihrem Einzug ins Nest nicht Freitagabend gewesen, wäre die Zeitung sicher voll gestanden von dem für die ganze Stadt so freudigen Ereignis. Denn aus der Ferne sahen sie — wie gesagt — wie Störche aus. Und von unserem Nest war man, wenn man nicht gerade droben stand, überall weit weg. Einige Leute schworen auch Stein und Bein, daß deutlich zu sehen gewesen sei, wie die Störche sich bewegt und gedreht hätten. Es war ja auch immer windig auf dem Schmittenberg. Eine Frau behauptete sogar, sie habe sie fliegen sehen.

Entweder traute sich niemand in die Pfanne hinauf oder waren bei den für den Turm zuständigen vielerlei Stellen Kompetenzschwierigkeiten entstanden, wie sie immer entstehen, wenn ein paar Ämter in eine Sache hineinregieren dürfen. Wir mußten, wie gesagt, die Störche mitsamt dem Nest selber wieder heruntertun, weil wir nämlich unsere Pfanne wieder für uns brauchten, gerade jetzt im Frühjahr, wo mehr Leute auf den Turm kamen als sonst.

Wenn wir jemand auf dem gewundenen Weg heraufkommen sahen, meist waren es Pärchen, denn die normalen Leute hatten keine Zeit, die Woche über am hellen Tag spazieren zu gehen, die hatten doch ihre Arbeit, dann duckten wir uns, daß man uns nicht sehen konnte, und dann warteten wir. Man hörte ganz genau, wie weit sie noch vom Turm weg waren, je nachdem der Kies knirschte; wo sie auf den Steintreppen waren, je nachdem es hallte; ob sie frech oder fad waren, je nachdem sie lachten oder taten. Meist setzten sie sich zuerst auf ein Bänkchen auf dem unteren Umgang. Wir hörten genau, auf welches, wenn es bei starkem Wind auch manchmal täuschte. Aber wir hatten das hundertmal ausprobiert. Wir hatten das immer so gemacht: Der eine horchte droben, der andere saß auf einer der Bänke, sprach oder lachte, flüsterte oder hustete. Wir schmatzten auch, das war sehr wichtig, denn oft hörte man außer diesem Schmatzen überhaupt nichts. Man hätte meinen können, da drunten seien Fische, die immer wieder aus dem Wasser schnalzten.

Bei dem oberen Kranz war es natürlich anders. Von dorther verstanden wir jedes Wort. Es war bloß dumm, daß es meistens gar keine rechten Worte waren, oft nur: mm, pst! hm? mhm! Vor allem war es immer wieder das Geschmatze, von dem wir natürlich genau wußten, wo es herkam. Die, bei denen man am wenigsten hörte, waren schon beim Heraufkommen am ärgsten aneinander hingeschlüpft. Sie brauchten in der Regel die Treppe herauf auch am längsten. Die anderen, bei denen es nur ganz kurz und trocken knallte, führten sich meist nur an der Hand; oft hatten sie auch nur die kleinen Finger beieinander eingehakt. Da kannten wir uns ziemlich aus.

Wenn man schon richtige Worte hörte, war es meistens: Ach, oh und au! Oder: Laß! und nicht! und komm! und du und so was Ähnliches. Manchmal verstand man auch ein bißchen mehr. Einmal hörten wir deutlich, wie eine sagte: „Ich krieg keine

Luft mehr." Das verstanden wir nicht, denn es windete ganz schön. Aber vielleicht war sie zu schnell den Berg heraufgekommen, Bergsteigen muß man können. Vielleicht hatte sie auch Asthma. Wir hatten in unserem Storchennest auf alle Fälle Luft genug.

Bisweilen stritten sie auch. Das war am interessantesten. Wir mischten uns selbstverständlich nie ein. Wir mußten das Maul halten. Wir konnten nicht einmal ganz leise miteinander reden. Aber es läßt sich ja alles, von der Überraschung bis zur größten Verwunderung, vom Mitleid bis zur Wut mit ein paar Hand- und Kopfbewegungen ausdrücken. Auch da hatten wir viel Übung. Am schwersten war, das Lachen zu verheben, und das mußte man oft.

Einmal hat der Heiner die Nerven oder mindestens die Ruhe verloren. Der Kerl hatte uns schon nicht gefallen, wie sie den Berg heraufgekommen waren. Schon wie er die Hände bis an die Ellbogen in den Hosentaschen hatte, wie er immer wieder die Schultern hinaufzog, wie er seine schmierigen Haare immer wieder nach hinten warf. Sie war auch nicht weit her. Aber als sie auf einmal voller Angst aufschrie, fuhr der Freund in der Pfanne auf und rief hinunter: „Laß sie ja, sonst kommt der Teufel." Dann machten wir beide unseren Kriegsruf. Wir heulten in drei-, viererlei Tönen schrill in die hohlen, zusammengelegten Hände hinein, daß es tat, als wäre das ein ganzes Kriegsheer.

Wir hörten, wie er die Treppe hinunterrannte, sie schreiend hinter ihm her. So haben wir dann nie mehr zwei den Berg hinunterrennen sehen. Keines hat sich auch nur noch einmal umgedreht.

Wir hatten die Hosentaschen immer voll mit kleinen Kieselsteinen, den gleichen, wie sie in dem Verputz waren. Wenn es uns zu lange dauerte, bis die Pärchen auf den oberen Kranz kamen, warfen wir zwei, drei Steinchen hinunter. Wir wußten genau, in welcher Richtung, in welchem Bogen und mit welchem Schwung wir werfen mußten. Man hörte gut, ob es traf oder ob der Stein auf den Zementboden auffiel. Eigentlich war das egal, denn es hieß von drunten herauf so oder so: Was war denn das? Oder hano! Manchmal grillte ein Mädchen auch hell hinaus. Oft bekamen wir zu hören: „Da schmeißt jemand Steine herunter, jedenfalls ein paar Lausbuben. Komm, wir gehen hinauf." Die Mädchen wollten aber meistens nicht. Allein bleiben wollten sie auch nicht, und so kam oft gar niemand. Wenn aber zwei vollends hinaufstiegen, mucksten wir uns nicht. Da wurde es oft lustig, denn da fanden sie ja niemand. „Merkwürdig", sagte einmal einer. „Da muß jemand aus dem Wald heraufgeworfen haben." Ein anderer wußte es besser. „Das sind diese Kieselsteine im Verputz. Wenn das Klima danach ist, springen sie heraus. Ich weiß das, ich bin da Fachmann.“ Seine Begleiterin traute aber seinen Fachkenntnissen offenbar nicht. Ihr sei es unheimlich, denn sie habe eben schon wieder einen Stein fallen hören. Sie wolle lieber gehen. Als wir hörten, daß sie gerade am Ausgang zum unteren Kranz waren, ließen wirs bloß so hinunterpratzeln. Ja ja, hörten wir ihn von drunten herauf sagen, so gehe es, wenn der Verputz alt werde. Da sprängen die Dinger dutzendweis ab. Das müsse man dem Stadtbaumeister beibringen.

Zwei ältere feine Herren verwunderten sich sehr. Ihnen war auf dem oberen Kranz ein ziemlich großer eckiger schwarzer Stein schäppernd vor die Füße gefallen, wie wir sie nur selten nahmen. Aber sie hatten ja beide Hüte auf. „Seltsam, höchst seltsam“, sagte der eine. Sie müssen den glänzenden Stein betrachtet haben, dann machte er weiter: „Höchst seltsam. Solche Steine gibt es im ganzen Jura nicht.“ (Wir hatten ihn auch von dem großen Schlackenhaufen am Gaskessel). „Es gibt nur eine Erklärung: Ein kleiner Meteor. Es ist sowieso Meteorzeit. So ein Glück!“ Ich drückte das Sacktuch fest an den Mund, sonst hätte ich das Lachen nicht mehr verhalten können. Ach, es gab schon schöne Sachen auf der Welt! Wir hätten bloß mehr Zeit haben sollen.

Einmal geschah etwas Besonderes. Wir hatten, da die Mutter diese Blumen besonders gern mochte, in einer feuchten Wiese an der Brenz zwei große Sträuße

Vergißmeinnicht geholt. Die hatten wir mit hinaufgenommen. Schon eine ganze Zeitlang schauten wir einem netten Paar zu, das langsam den Weg heraufkam, nebeneinander, nicht eingehängt, kein Getue und nichts. Er hatte einen blauen Schlosseranzug an und sie ein leichtes flatterndes Röckchen und eine weiße Bluse. Sie blieben öfter stehen, sahen sich an, redeten miteinander und lachten. Auf dem ersten Kranz setzten sie sich nicht auf eine der kalten Steinbänke. Sie lehnten über das Geländer und schauten das Tal hinunter. Das hörte man an den Stimmen. Sie sprachen deutlich und nicht, als ob sie gestohlen hätten. Und da war zu hören, daß er für ein paar Monate auf Papiermaschinenmontage nach Rußland mußte. Ich hörte, wie sie sagte: „Vergißst mich halt nicht bei deinen Russen."

Ich weiß nicht, wie das kam und was in mich hineingefahren ist. Ich riß das Gras, mit dem mein Strauß zusammengebunden war, auf und warf mit starkem Schwung, denn die Vergißmeinnichtchen waren ja sehr leicht, immer wieder ein paar hinaus in die Luft. Hoffentlich fielen sie richtig. Mit so leichten Sachen hatten wir keine Übung. Aber bevor ich viel überlegen konnte, rief das Mädchen: „Schau, da fallen Vergißmeinnicht vom Himmel." — „Wahrhaftig", sagte er, „vom Himmel werden sie nicht kommen. Aber vom oberen Stock. Komm!"

Und da rannten sie hintereinander her die Treppe

hinauf. Sie gingen um den Turm herum und waren sprachlos. „Was sagst jetzt?“ fragte sie. Da fiel ihr ein ganzes Büschel Vergißmeinnicht direkt ins Haar. Eines fing sie mit der Hand auf.

„Was ich jetzt sag? Dann muß halt alles von noch weiter droben kommen.“ — „Also doch vom Himmel!“ „Nicht unbedingt.“

Da hörten wir, wie die Drähte an der Fahnenstange zusammenschlugen, wie die Stange knarzte und schon sah man einen Kopf über den oberen Turmrand heraufkommen. Schon stand der ganze Mann da, hielt sich mit der einen Hand an der von dort aus frei in den Himmel ragenden Stange und mit der anderen am Pfannenrand fest und lachte hell hinaus. Dann sagte er, und etwas noch Schöneres hätte er nicht sagen können: „Herrgott, ihr seid doch zwei freche Hunde!“ Und nach drunten, nach dem oberen Kranz: „Gisela, komm, die zwei Störche da mußt du sehen in ihrem Nest. Wart, ich leg mich hin und zieh dich helfen herauf!“

Und dieses Mädchen kletterte tatsächlich, ohne sich einen Augenblick zu besinnen, an der Fahnenstange herauf, lachte, ließ sich vollends hinaufziehen, und jetzt standen sie beide am Pfannenrand und schauten zu uns herein. Dann sagte er: „Rutschet aneinander hin. Wir möchten auch noch hinein.“ Und da stiegen beide herein und setzten sich zu uns auf den Pfannenboden. Da bekamen wir nun aber auch schier keine Luft mehr. Das war einer unserer schönsten Tage. Und dieses Mädchen war das schneidigste Mädchen, das uns je begegnet war und die erste und einzige in unserer Pfanne auf dem Aussichtsturm. Wenn die den Monteur nicht schon gehabt hätte, die hätte jeder von uns sofort genommen.

XVII.

VOM KRAUT UND VON ANDERER KOST

Dieses Kapitel handelt vom Essen. Damit war es bei uns vor allem unter der Woche einfach bestellt. Fleisch gab es selten, oft in acht Tagen kein Viertelpfund. Und dieses meist bloß der Fleischbrühe wegen; denn eine kräftige Suppe und ein Stück Brot dazu tue es durchaus, meinte die Mutter. Die Hauptsache sei, daß man eine gute Nachtruhe habe. Es heiße: A Rüahle sei besser als a Brüahle. Wurstwaren sahen wir selten einmal, dann und wann gabs ein paar Rädle schwarze Wurst in Essig und Öl.

Die Hauptsache in Mutters Küche waren Kartoffeln, Mehl, Kraut und Schmalz. Die Witwe von Sarepta habe mit noch viel weniger auskommen müssen, denn sie habe nichts anderes im Haus gehabt als Öl und Mehl im Krug. Gute Kartoffeln im Keller, zweierlei Sorten, zum Rösten und zum Salat, eine ordentliche Stande voll Kraut, eine volle Mehltruhe und ein paar große volle Schmalzhäfen, dann könne man sagen: Komme, was mag. Es gebe nichts Minderes als Leute, die wegen jedem Pfund Mehl und wegen jeder Kochet Kartoffeln in den nächsten Laden laufen müßten.

Aber auch wenn wir nicht aus der Hand in den Mund zu leben brauchten, wurde nicht aufs Sach hineingehaust, vor allem am Fett wurde sehr gespart. Viel Fett sei ungesund und gebe bloß Fettsucht. Es gab zum Beispiel fast jeden zweiten Abend geröstete Kartoffeln zu dem dünnen Gerstenabsud, der durch geröstetes Zichorienmehl etwas Farbe und Geschmack bekam. Als ich einmal sagte, die Kartoffeln seien so trocken, daß sie gar nicht hinuntergingen, sagte die Mutter: „Trocken? Was du nicht sagst. Du mußt nur auf jedes Maulvoll schnell einen Löffel Kaffee nehmen, dann wirst du bloß gucken, wie leicht sie rutschen." Weil man zu beidem einen Eßlöffel nahm, war das technisch gar nicht so umständlich, wie es sich anhört.

Der Kaffee hatte übrigens auch sonst weithin die Aufgabe, trockene Kost leichter schluckbar zu machen. Bei uns daheim gab es ihn auch nicht in so zierlichen kleinen Täßchen. Unsere Tassen waren ziemlich breite Schalen. An Stelle eines Henkels waren zu beiden Seiten flache Griffe angebracht, die wir kurzerhand Ohrlappen hießen. Es war bei den einfachen

Leuten auch nie von einer Kaffeetasse die Rede. Man sprach, auch wo man vornehmerweise aus Henkeltassen trank, nur von Kaffeeschüsseln.

Zu dem abendlichen Kaffee, der weder dem Herz noch den Nieren schadete, war doch auf dem Malzkaffeepaket der Kopf des Pfarrers Sebastian Kneipp abgebildet, dem die Gesundheit der Leiber so sehr am Herzen lag wie das Heil der Seelen, zu diesem sogenannten Kaffee also aß man gern eine selbstgebackene einfache hohe Nudel oder Weißbrot. Am Samstag und am Sonntag gab es ein Stück Hefekranz oder Hefezopf, an hohen Festtagen ein paar Stückchen Gugelhopf. Da all dieses Gebäck oft vierzehn Tage oder noch länger reichen mußte, wurde es recht trocken. Deshalb tunkte man es langsam und vorsichtig ein, sah einen Augenblick lang auf den braunen Flüssigkeitsspiegel, um dann das eingetunkte Stückchen sachte herauszuheben und zu dem über der Schüssel wartenden, geöffneten Mund zu führen.

Das hört sich sehr einfach an, dabei ist dieses Eintunken und Herausholen eine hohe Kunst, die gelernt sein will. Und auch, wenn man diese Kunst gründlich gelernt hat, muß man ganz dabei sein. Man kann da nicht, wie neben manchem anderen Essen her an andere Dinge denken oder gar die Zeitung lesen, keine Rede! Da ist z. B. gleich als Erstes zu bedenken, daß sich nicht jedes Backwerk gleicherweise zum Eintunken eignet. Es kommt ganz auf seine innere Struktur an. Am geschicktesten sind langfaserige, elastische Hefenteige. Ganz ungeeignet sind mürbe und sandige Kuchen, auch die Gugelhopfe, denn das saftdurchweichte Stück bricht, bevor man es zum Mund bringt, genau an der Feuchtigkeitsgrenze ab und fällt dann klatschend und spritzend wieder in den Kaffee zurück. Das ist das eine. Dann ist der Geschwindigkeitsgrad der Feuchtigkeitsaufnahme selbst bei ein und demselben Gebäck verschieden. Das hängt von der Mehlsorte, dem Mehljahrgang, der höheren oder geringeren Durchbackenheit, dem Ort und der Dauer der Lagerung und noch von einer ganzen Reihe anderer Faktoren ab. Nein nein, das Eintunken und Herausessen ist nichts für Nichtskönner. Nicht einmal das Abbeißen versteht sich da von selbst. Das rechte Gelingen hängt nebst anderem nicht zuletzt von der Beschaffenheit des Zahnwerks, von der Geschwindigkeit der Lippen und von der Geschicklichkeit der Zunge ab. Im ungünstigsten Fall hat man nämlich eine Art Brei vor sich stehen. Es gibt allerdings Leute, oder hat es mindestens früher gegeben, die es auf einen solchen aufgeweichten Stampf geradezu anlegten und deshalb von Anfang an einbrockten, was man aber nicht tun darf, da das Leben eben hart ist in seinen Forderungen. Das gehöre sich nicht, sagte die Dote, man müsse schon noch wissen, was sich schickt.

Übrigens bleibt auch in der Tasse der geschicktesten Eintunker unten eine Bodenlage, welche die Tunkmahlzeit als Abschluß geradezu mit einem Hochgenuß zu krönen vermag: Ein Gemisch aus Tunkete, Rosinen und nicht ganz aufgeweichtem Zucker. Kein Wunder, die Großmutter sagte oft, wenn sie ihren Kaffeelöffel zum letztenmal abschleckte, dankbar: „Es gibt halt nix bessers als ebbes Guats."

Ich habe, als ich in einem nordischen Land einmal an einer königlichen Tafel saß, an der man nur zu studieren hatte, wozu denn all die Messer und Messerchen, Gabeln und Gäbelchen, Löffel und Löffelchen, Zangen und Häkchen daseien und was auf den großen silbernen Platten Eßware und was Verzierung sei, voller Sehnsucht an meine Kaffeeschüssel und an ein großes Stück Hefekranz gedacht, das man am besten eintunken kann. Aber ich muß aufpassen, daß ich nicht vom Thema abkomme. Nichts für ungut!

Die Kartoffeln und das Kraut hatten wir von dem kleinen Pachtacker am Waldrand selber. Dort standen auch zwei lange Reihen Stangenbohnen. Die Bohnen wurden in Flaschen eingemacht, in die man sie leichter hinein- als herausbrachte, obwohl es hierzu besondere Bohnenhäkchen gab. Es ist uns übrigens von unserem Pachtacker nie auch nur eine Kartoffel, ein Krautskopf und eine Bohne gestohlen worden.

Vom Mehl kam ein guter Teil beim Ährenlesen im Sommer zusammen. Wir wußten mit der Zeit, besonders in Heuchlingen und in Heldenfingen, die Äcker genau, auf denen es die Bäuerinnen und die Mägde mit dem Zusammenrechen nicht so genau nahmen. Wir kannten die Häuser, in denen man Milch und Brot, wenn man mit einem Zehnerle in der Hand danach fragte, umsonst bekam. Man hatte auch sein Haus, in dem man seine Säcke einstellen durfte, bis einem jemand seine aufgelesene Ernte mitdrosch und am Ende das Korn womöglich noch mit in die Mühle nahm. Von Großmutters Freundschaften her tat ich da besonders leicht. Ich blieb oft in den Knechtskammern oder auf dem Ofensofa über Nacht und ging mit den ersten Mähern hinaus.

Einmal blieb ich bei der Dettinger Bötin im Quartier, bis der letzte Garbenwagen eingeführt war. Das kam meinem Ährenertrag so sehr zugute wie meinen Ernteschätzen an biblischen Weisheiten und geistlichen Liedern, vor allem aber hatten meine Backen den Vorteil davon, die rund und braun wurden wie nie zuvor, obwohl die Bötin keine besondere Köchin war und obwohl sie auf dem Standpunkt stand, daß Völlerei eine schwere Sünde sei. Der Bauch dürfe einem Menschen ja nicht zu seinem Herrgott werden. Die Pfannkuchen machte sie aber so groß wie Schubkarrenräder und am schwarzen Haferbrei sparte sie das Schmalz gewiß nicht. Wir aßen ihn jeden Morgen aus einer irdenen Schüssel. das zerlassene Fett stand in einer Mulde in der Mitte wie ein kleiner goldener See. Die Bötin zog mir mit ihrem Löffel einen Kanal auf meine Seite hin, den sie, wenn er verstopft war, immer wieder nachgrub.

Weniger Arbeit als das Mehl machten die Kartoffeln und das Kraut, obwohl mit diesem im Herbst eine meiner wichtigsten Arbeitsperioden im Jahreslauf eintrat. Sie setzte zunächst mit einem rechten Fest ein, mit dem Krauttreppeln daheim. Ei, wie sind wir gelaufen, wenn es hieß: Heut holst den Krauthobel und den Bohrer bei's Krautschneiders Jakoba Annabäbe. Solange der Jakob am Leben gewesen war, hatte er das Kraut bei den Leuten herum eingehobelt. Jetzt taten sie es meist selber. Es wollte aber gelernt sein wie alles, aber eine Hexerei war es nicht.

Da lagen die blitzblanken, hellgrünen Köpfe zu einer Pyramide gebeigt, auf einem blühweißen Tuch auf dem Stubenboden. Zuerst bohrte man den Zapfen, den Krautskagen oder die Dorsche heraus. Wir haben sie als Buben nicht ungern gegessen, wie wir es überhaupt sehr mit der Rohkost hielten. Ich muß das hier, so sehr es mich wieder drausbringen wird, sagen, sonst vergesse ich es am Ende noch, und das wäre schade. Lieber wie die Krautskagen waren uns natürlich die Kohlraben, bei deren Verzehr wir es zu beachtlichen Leistungen brachten, wie bei den gelben

Rüben. Aber ich will im frühen Frühjahr anfangen, mit dem Bocksbart, der in den Wiesen wächst. Seine jungen Blätter schmecken so gut, daß wir davon oft so viel weggrasten, daß wir Bauchweh bekamen, was nicht schlimm ist. Man braucht nur ein paarmal von einem Gartenzaun oder vom Geländer der Hausstaffel herunterzuspringen. Wenn die Stengel herauskommen, sind die Blätter nichts mehr. Von den zarten, milchigen Stengeln aber hat der schwäbische Dichter Wilhelm Schussen in seinen Lebenserinnerungen geschrieben, daß sie den Spargeln nicht unähnlich seien. Da wir von Spargeln keine Ahnung hatten, gab es für uns nichts Köstlicheres als die Bocksbartstengel. Auch die Sauerampferstiele schmeckten gut, die Blätter gingen. Gänseblümchen aßen wir nur, wenn sie ganz jung und zart waren. Am besten schmeckten sie, wenn man die Köpfchen, auf dem Bauche liegend, vom Stengel abbiß.

Im Sommer kam dann viel heraus. An jedem Weg wuchsen Malven. Aus ihren hauchzarten Blüten wurden schnell hübsche flache Früchtchen, die wir Käslaibla nannten und mit großer Geduld aus ihren Kelchblättchen lösten — man muß sich zum Essen Zeit nehmen, wenn es anschlagen soll — und in beachtlicher Menge vesperten. Um diese Zeit waren auch die Erbsen reif. Wir aßen die jungen Hülsen genau so gern wie die süßen Kerne. Köstlich schmeckte dazwischenhinein eine Hand voll Mohnkörnchen.

Diese waren nur viel schwieriger zu bekommen als die Erbsen. An heißen Tagen löschten wir Hunger und Durst zugleich mit Sauerklee. Säuerlich schmeckten übrigens auch die ganz jungen Buchenblättchen. Sie durften aber nicht viel älter als drei, vier Tage sein, sonst waren sie trocken. Daß uns der Gaumen nie trocken wurde, dafür sorgte das Harz der wilden Kirschbäume, auf dem man stundenlang kauen konnte, ohne daß es viel weniger wurde. Wir meinten, es schmecke herrlich. Süßholz lehnten wir als ausländisches Lumpenzeug ab. Es kostete außerdem Geld. Dafür wußten wir etwas viel Süßeres, den Nektar aus den Taubnesselblüten. Wir saugten Hunderte und aber Hunderte davon aus. Dann gab es noch eine ganz besondere Delikatesse, nämlich die Fruchtböden schöner, großer Silberdisteln. Ich weiß, daß es bei dem Wort Disteln manchen schaudern wird. Aber auch Artischocken sind nichts anderes als eine Distelart. Ob sie besser schmecken, weiß ich auch heute noch nicht, ich weiß aber, daß sie sehr teuer sind, und ich habe eine Abneigung gegen teure Kost, besonders dann, wenn mit ihr ohnehin nur das Maul gefoppt ist. Ich weiß heute natürlich auch, daß die Silberdisteln zu den geschützten Pflanzen gehören, was sich auch gehört.

Der Herbst ist nicht nur die Freude der Weingärtner und der Jäger, er ist auch die hohe Zeit der Rohkostler. Da kam beinahe auf einmal so viel zusammen, daß man immer wieder einmal sagen mußte: Wenn bloß der Buckel auch Bauch wäre. Zuerst einmal Erdbeeren, Himbeeren, Brombeeren, dann Äpfel in allen Größen, Farben und Säuregraden, Balmusbirnen, wilde Waldkirschen, bei denen es eine Ehrensache war, daß man sie mitsamt den Steinen aß, Mehl- und Adlersbeeren, Schlehen, Hagebutten, von denen wir die feinen Härchen um die Körnchen als Juckpulver brauchten, Haselnüsse und Bucheckern. Von diesen holten wir ganze Säckchen voll und ließen sie in der Ölmühle zu Öl schlagen. Dann kamen im Herbst natürlich schwarze und rote Träubla, von denen uns die roten lieber waren; die schwarzen, meinten wir, schmeckten nach Blattwanzen, aber wir aßen sie auch, man darf nicht so heikel sein. Es gab um diese Zeit auch wilde und zahme Stachelbeeren, von denen die wilden besser schmeckten, aber man brauchte arg viel davon, bis man das Maul voll hatte. Das Allerbeste waren Pflaumen und Zwetschgen.

Orangen und Bananen gab es in einer spanischen Weinhandlung. Aber von solchen Dingen blieb uns das Maul trocken. Als eine der Schwestern aus Italien reife Tomaten mitgebracht hatte, zu denen man seinerzeit Liebesäpfel sagte, meinte die Mutter, sie müsse nicht alles probiert haben, und sie besuche uns nicht, wenn wir wegen dem giftigen Zeug ins Krankenhaus müßten. Die Schwester hatte auch Birnen mitgebracht, wo es noch lange nicht Birnenzeit war. Auch die regte die Mutter nicht an. Man müsse nicht jedes Geschleck haben. Und dann dürfe man auch nichts zur Unzeit essen, sagte sie, das sei ungesund und unrecht, man müsse schon warten können, bis einem in seiner Gegend der Herrgott den Tisch decke. Aber es komme schon noch so weit, daß die Menschen im Heuet Trauben und am Christtag Erdbeeren möchten. Manche wüßten ja jetzt schon nicht mehr, was sie essen sollten. Es gebe genug, deren wichtigste Frage heiße: Maul was willst?

Im Winter hatten wir nicht viel Abwechslung in unserer Rohkost. Wir hatten aber immer eine Hand voll harte Roggenkörner in der Tasche, auch getrocknete Schlehen. An denen war freilich außer der verrunzelten Haut nicht mehr viel dran, aber der Stein war auch etwas wert. Wir hatten es im Steinspucken zu beachtlicher Zielsicherheit gebracht. Eine winterliche Delikatesse war das Malz, von dem wir uns beim Mälzer jedesmal eine Handvoll bettelten, wenn wir mit der Milchkanne in der Brauerei Hefe holen mußten. Dann gab es ja natürlich den ganzen Winter über rohes Kraut genug. Und da wären wir wieder dort, wo wir hergekommen sind.

Wenn die Krautköpfe mit ihren feinrippigen Blättern ausgebohrt waren, schnitt man sie auf dem Hobelbrett fadendünn in einen großen Holzzuber hinein. Dann kam drunten im Keller die Hauptsache: Das Einstampfen! Das war ein rechtes Bubengeschäft.

Man stülpte die Hosen bis weit über die Knie hinauf. Die Mutter schrubbte einem die Barfüße im Badezuber mit der Wurzelbürste, mit Kernseife und Fegsand, bis sie krebsrot waren und rieb sie dann mit einem Handtuch trocken, daß sie wie Feuer brannten. Dann nahm sie einen auf den Buckel wie einen Schulranzen und buckelranzte einen in den Keller hinunter. Als ich ihr zu schwer geworden war, tat das der Heiner. Drunten wurde man dann in die zehnmal ausgewaschene und ausgescheuerte, unten mit jungen Krautblättern ausgelegte, gut meterhohe Krautstande hineingestellt. Von den immer mehr aufkommenden schweren Krautstempeln wollte die Mutter nichts wissen. Es müsse nicht vollends alles maschinell gemacht werden. Es gehe nichts über Handarbeit, auch wenn man sie mit den Füßen tue. Und nun ging es los: Immer eine Schicht, eine Leget Kraut und dann eine große Handvoll Salz darüber, und der Bub trampelte und stampfte, gleichmäßig im ganzen Kreis herum, daß es quiekste, spritzte und schäumte, und das ging so weiter, bis die ganze Stande voll war.

Dann kamen gut abschließende, schwere eichene Bretter oben drauf, die mit großen Pflastersteinen aus dem Schwarzwald beschwert wurden. Kalksteine von der Alb, hieß es, hätte die bei der Gärung entstehende scharfe Säure aufgefressen. Bretter und Steine mußten ganz in der Krautbrühe versaufen, dann wurde das Kraut gut. Zu guter Letzt wurde dann ein weißes Tuch über die Krautstande gelegt, und nun konnte das Kraut schaffen, gären und brodeln, bis es richtig war. Jetzt konnte der Winter kommen. In vielen Häusern stand dann der Krauthafen immer im Ofenröhrle und das Kraut kochte still für sich hin und summte behaglich dabei. Ich habe diese feine Krautmusik heute noch im Ohr. Sie war mir damals lieber als manches Stück, das die Stadtmusik am Sonntagmorgen nach der Kirche in den Anlagen bei unserer Schule spielte, obwohl man damals noch bei jedem Musikstück wußte, was vorn und was hinten war.

XVIII.

MEINE ERSTE LIEBE

Wenn wir das eigene Kraut im Keller hatten, halfen wir bei fremden Leuten, und da kam ich eines Tages zu einer Nachbarsfamilie namens Steinmaier. Das waren bessere Leute. Sie hatten ein Klavier und einen Blumenständer in ihrer schönen Stube. Die Frida, die das Klavierspielen lernte, war ein paar Jahre älter als ich, ein kräftiges, sauberes Mädchen, ein Gaul, wie die Dote einmal sagte, die sie aus irgendeinem Grund nicht leiden konnte. Ich hatte mir auch nie etwas aus ihr gemacht.

Als eingehobelt war und als ich die Füße gewaschen hatte, sagte ich, jetzt müsse mich jemand in den Keller hinunter buckelranzen. Da die Frau Steinmaier zu schwach war, bückte sich die Frida und ich stieg ihr von einem Stuhl aus auf den Buckel und sie trug mich, zum Spaß ein wenig schaukelnd, die Treppe hinunter und stellte mich in der Krautstande ab. Dabei war es mir heiß geworden. Es war auch sonst merkwürdig. Es war auf ihrem Buckel gut und weich sitzen gewesen. Ich hatte einen viel festeren Halt gehabt als beim Heiner. Es war mir auch sonst merkwürdig zumut, wenn sie so dastand und mir zusah und immer wieder eine Lage Kraut und das Salz dazwischen auf meine Füße warf. Sie lachte dabei und sagte allerhand lustiges Zeug. Ich meinte fast, sie sei ein bißchen frech. Das war sie auch, denn auf einmal ließ sie mir eine große Handvoll Kraut auf den Kopf fallen, lachte hinaus und sagte: „Jetzt hast eine schöne Frisur." Ich langte mit beiden Armen nach ihr hinaus, erwischte sie an einem Zopf und zog sie her. Sie wehrte sich nicht sehr. Sie nahm mich auch an den Haaren, wobei ich nicht weiß, ob sie mehr Kraut oder mehr Haare erwischt hat. Wir rauften richtig miteinander. Und da sie ziemlich stark war, wäre die Krautstande beinahe umgekippt. Das wäre etwas gewesen! Da ich sie sehr fest packte, schnaufte sie sehr und ich spürte ihren Atem im Gesicht. Sie roch gut, vielleicht hatte sie Veilchenpastillen geschleckt. Auf einmal sagte sie: „Mensch, du bist erst noch stark. Jetzt machen wir Frieden." Dabei legte sie einen Arm um meinen Hals und drückte ihr Gesicht fest an das meine. Ich hatte noch nie etwas so Warmes und Weiches im Gesicht gespürt. Es war sehr schön.

Da hörte man Schritte. Sie ließ mich blitzschnell

los, bückte sich nach ihrem Zuber und warf mir wieder Kraut über meine Barfüße. Ihre Mutter war heruntergekommen, sie solle jetzt nur hinaufgehen und Klavierspielen. Das andere könne s i e vollends hineinwerfen. Ich trampelte weiter wie im Traum. „Gelt, da wirds einem warm", sagte Frau Steinmaier, „deine Ohren glühen ganz. Aber du kriegst gleich ein Vesper."

Als ich nachher ging, machte mir die Frida die Glastür auf, ging mit hinaus und gab mir die Hand. Da merkte ich eigentlich zum erstenmal, daß Mädchen etwas ganz anderes sind.

Ich weiß auch nicht, in was für einer Stimmung ich war. In keiner guten und in keiner schlechten. Eigentlich war ich aufgeregt. Aber ganz anders aufgeregt wie sonst, eigentlich schön aufgeregt.

Die Mutter fragte, wo ich eingeschnitten und eingestampft hätte und als ich es sagte, fragte die Dote, ob der Gaul auch dagewesen sei. Ja. Warum? sagte ich fast bissig. Weil die überall ist, wo sie einen Buben riecht.

An dem Abend redete ich nichts mehr, denn ich hatte eine Wut auf die Dote. Die Frida ging mir nicht aus dem Kopf und am andern Morgen dachte ich auch gleich wieder an sie. Der Heiner sagte an jenem Tag zu mir: „Du bist fad, mit dir ist heut gar nichts los. Morgen mittag ist Stangenschlacht gegen Japan. Hast eine gescheite Stange?"

Die Zeit des Krauttreppelns war nämlich auch die Zeit unserer großen Schlachten und Kriege. Wenn die Felder zwischen dem China- und dem Japanviertel leer waren und wenn man in die Wiesen hineindurfte, sah man immer wieder einzelne Gruppen von Buben in verdächtiger Weise am Waldrand hinüber- und herüberschleichen, als wenn sie etwas auskundschaften wollten. Und dann hüben und drüben durch die Straßen gehen, aufrecht, lachend und schwätzend, als wenn nichts wäre. Dann und wann ging auch einer in einen Hof hinein, schaute sich unauffällig, aber mit gerunzelter Stirn um, ganz freche gingen sogar in die Häuser hinein, als wenn sie jemand besuchen wollten oder als ob sie etwas ausrichten oder holen müßten. Ganz besonders hatten sie es auf Häuser abgesehen, in denen ältere, kriegserfahrene Buben wohnten. Sie waren nämlich nichts anderes als Spione, die auszukundschaften hatten, wie es mit Stärke und Bewaffnung des Gegners aussah. Die Frage des militärischen Gleichgewichts spielt ja im Krieg und Frieden eine entscheidende Rolle. Die gegenseitige Truppenstärke war bekannt. Außer den paar Feiglingen standen so ziemlich alle Buben, sagen wir vom fünften Schuljahr an, unter den Waffen, wobei die älteren doppelt oder dreiund vierfach zählten, oder, wie der Aurachers-Ottl auf der einen und der Webers-Franz — Heiners Bruder — auf der anderen Seite gar fünf- bis sechsfach. Die Bewaffnung bestand laut eisern eingehaltener Landkriegsordnung aus Bohnenstangen und sonst nichts. Deren Bestand nach Zahlenstärke zu ermitteln und womöglich in kühnen Handstreichen durch Diebstahl oder Vernichtung zu vermindern, war eine der Aufgaben der Spionageabteilungen. Sie hatten darüberhinaus aber noch viele andere Aufgaben. Sie mußten zum Beispiel feststellen, ob vielleicht der eine oder der andere Anführer etwa wegen Krankheit oder weil er einem Mädchen nachgab, ausfiel. Sie mußten, um nur noch ein paar Arbeitsgebiete dieser Intelligenzdienste, wie man sie heute nennt, anzudeuten, Mütter in Briefen auf die Gefahr aufmerksam machen, in die sich ihr Sohn in den nächsten Tagen leichtsinnigerweise begeben werde. Sie mußten versuchen, die anderen Völkerschaften, zum Beispiel die Neu-Berliner, die Voith-Siedler, die Flügeler, durch vielerlei zweckdienliche Nachrichten, auch durch Geschenke und Versprechungen, vom Feind weg ins eigene Lager zu ziehen. Sie mußten versuchen, Abführschokolade oder Schnapslimonade ins Lager der Feinde zu schaffen und dergleichen mehr.

Aber Spionage und Gegenspionage sind Geheimdienste und so erfährt man nie recht, was sie alles unternehmen. Die Schneidigen und die Anständigen waren da bei uns eigentlich nicht dabei. Die standen bei der kämpfenden Truppe.

Daß ein geplanter Angriff geheimgehalten werden mußte, war klar. Es ist mir kein Fall bekannt, daß irgendein Vorhaben der einen oder der anderen Seite verraten worden wäre.

Wir hatten weder Taktik noch Strategie studiert, aber das wußten wir, daß nach allen Kriegsregeln der Angriff die beste Verteidigung ist. So wurde der Feind, ob er da war oder nicht, auf alle Fälle angeschlichen. Es gehört ja sowieso zu den Tricks aller Heerführungen, den Gegner über die eigenen Absichten zu täuschen. Man durfte auf keinen Fall warten, bis man überfallen wurde, sagte sich jede Seite, und doch war immer eine von beiden die dumme.

Da es als ganz besondere Kunst der Kriegführung gilt, den Feind an der Seite oder gar im Rücken anzufallen, machten wir mit unseren Armeen, die bei starken Jahrgängen bis zu fünfzig Mann stark waren, gewaltige Umgehungsmärsche, wir zum Beispiel über den westlichen Schmittenberg beim Aussichtsturm, immer im Wald natürlich, und gesichert durch eine Vorausabteilung, hinunter ins Tal, dann hinter der Manufaktur über die Brenz, den Galgenberg hinauf, ins Stubental hinunter, drüben wieder hinauf, hinter dem Schloßberg durch den Wald bis halb nach Mergelstetten, auf der Höhe bleibend, dann an der steilsten Bergseite wieder ins Tal hinunter, bei der Brunnenmühle über die Brenz, über die Felsen wieder hinauf in den Wald hinein, wieder ins Tal hinunter, wieder den Berg hinauf, hinter dem Friedhof dann von hinten her aufs Japanviertel zu.

Zu diesem Berg- und Tal- und Wald- und Feldzug brauchte man ein paar Stunden. Man mußte Wege und Gegenden, wo man Leuten begegnen konnte, meiden. Wenn Straßen zu überqueren waren, mußte das im schnellsten Lauf geschehen. Man zog dabei die Stange hinter sich her, oftmals mußte man einzelne Abteilungen bilden, sie durften sich aber ja nicht verlieren. Man mußte vor Spionen auf der Hut sein. Begegnete einem ein Bub oder auch ein älteres Mädchen, so wurden sie gefangen und unter strenger Bewachung mitgenommen, denn in dieser herbstlichen Zeit waren auch Mädchen im höchsten Grade spionageverdächtig.

Es konnte sein, daß der Feind den umgekehrten Weg machte und daß man irgendwo halbwegs zusammenstieß. Das kam verhältnismäßig selten vor In der Regel fanden die Schlachten nach mancherlei Vorgeplänkel im Wald oder am Waldrand in dem offenen Feld zwischen unseren beiden Ländern statt. Das war dann meist so, daß mit einemmal zwei Haufen an verschiedenen Stellen mit wildem Kriegsgeschrei aus dem Wald brachen, gegen die Mitte der Kampfebene strebten, sich eine Weile gegenüberstanden, drohend, schimpfend, spottend, bis der eine Haufen plötzlich losstürzte mit erhobenen Stangen, wobei es durch die genannte Kriegsordnung verboten war, die Stangen am dünnen Ende zu fassen und mit dem dicken zuzuschlagen. Aber auch das dünne zog ganz schön, wenn man es auf den Kopf bekam und manchem lief nachher das Blut herunter. Sanitäter hatten wir aber nicht. Im Krieg eine Kappe, eine Zipfelmütze oder sonst etwas aufzusetzen, wäre natürlich lächerlich gewesen und keinem in den Sinn gekommen.

Meist bildete man drei, vier Glieder. Gelang es einem aus dem gegnerischen Heer, alle Glieder zu durchbrechen oder an der Flanke zu umgehen, war die Schlacht schon halb verloren, denn dann drohte ein Zweifrontenkrieg, es gab Verwirrung, man konnte nicht mehr richtig zwischen Freund und Feind unterscheiden und das Ende vom Lied war dann meist, daß zuerst die Ängstlicheren, dann der Durchschnitt und schließlich sogar die Garde in die Flucht geschlagen wurde. Dabei galt es, die Fliehenden zu verfolgen, die ihre Stangen hinter sich herzogen. Man mußte rennen, was das Zeug hielt, um sie einzuholen. Niemals durfte man von hinten auf einen Flüchtigen schlagen, man durfte nun aber die Stange umdrehen, um mit dem dicken Teil auf seine Stange zu schlagen, die er auf dem Boden hinter sich herzog. Bei einem solchen Schlag zuckte es diesem schmerzhaft in der Hand und in der Regel ließ er seine Stange fallen. Je größer die Zahl der Stangen auf dem Schlachtfeld war, umso größer war der Sieg, und wieviele Stangen die Siegerpartei erobert hatte, war am nächsten Tag unter den Buben Stadtgespräch.

Bei diesen Schlachten sahen nun nicht selten aus geziemender Entfernung auch Mädchen zu. Manche freche kamen aber bis dicht an die Kampflinien heran.

Eine der schwersten und denkwürdigsten Schlachten sollte ein paar Tage nach meiner Begegnung mit Frida Steinmaier stattfinden. Ich hatte sie noch zweimal gesehen, einmal von weitem und einmal hatte ich sie abgepaßt, wie sie von der Klavierstunde heimkommen mußte. Als ich sie von meinem Versteck aus der Seestraße herkommen sah, tat ich so, als ob ich zufällig die Humboldstraße herunterkäme. So mußte ich gerade mit ihr zusammenstoßen, und wir konnten dann noch ein ganzes Stück nebeneinander hergehen. So etwas wäre mir noch vor ein paar Tagen nicht in den Sinn gekommen.

Sie fragte: „Was willst?" „Nichts", sagte ich, „ich gehe heim. Du auch?" — „Klar, wo soll ich denn sonst hingehen?" Bevor wir in die Schülestraße hineinkamen, sagte sie: „Trampelst immer noch Kraut ein?" Dabei sah sie zu mir her. Ich meinte, sie habe das sehr freundlich gefragt, und als ich ein wenig zu ihr hinübersah, kam es mir vor, als ob sie rot sei im Gesicht. Ich war stolz und vielleicht glücklich, das läßt sich nach so langer Zeit schlecht sagen. Ich wollte ihr die Hand geben. Sie schlug mir aber drauf und sagte: „Hau ab, wenn das jemand sieht!“

Ich war ja auch blöd. Sie hatte recht. Dieser umgekehrte Handschlag begeisterte mich. Denn neulich hatte sie mir die Hand ja von sich aus gegeben, also wollte sie etwas von mir wissen. Bloß nicht vor den Leuten. Liebe war etwas Geheimes, daran hätte ich ja auch denken können. Ich ging pfeifend die Treppe bei uns hinauf. An diesem Abend sprach ich wieder einmal nicht viel mit der Dote. Ich gab ihr auch ein paar dumme Antworten. Vor dem Einschlafen sagte sie: „Du wirst doch nicht gar den Gaul da drüben im Kopf haben?“ Das machte mich so wütend, daß ich tief schnaufte, mich umdrehte und nicht einmal Gutnacht sagte. Ich nahm mir vor, von jetzt an drunten in der hinteren Stube zu schlafen. Da stand ja auch ein Bett. Die Frida kam mir als das Schönste und Beste vor, was es unter den Menschen gab.

Am nächsten Morgen sah die Dote zum erstenmal, seit ich mir denken konnte, sehr traurig aus. Da tat sie mir wieder leid und ich sagte nichts davon, daß ich jetzt allein schlafen wolle. Die Mutter kam, nachdem sie schon zur Glastür hinaus gewesen war, nochmal in die Küche herein. Auch sie kam mir verändert vor. Auch der Ton, in dem sie sagte: „Daß du mir ja bei keiner Stangenschlacht mittust, und bei der Steinmaiere hast du nichts verloren.“

Das Küchenfenster stand offen. Es ging auf unseren Hof hinunter. Ich hörte, wie die Dote drunten zur Mutter sagte: „Wenn so ein Weibsbildle im Spiel ist, gibt es für so einen Buben halt keine Dote und keine Mutter mehr."

An diesem Tag war die große Schlacht. Sie war vorbereitet wie keine zuvor. Da ich zum Generalstab gehörte, wußte ich das.

Es hatte geregnet und das ganze Schlachtfeld war durchweicht. In der Mitte war sogar ein kleiner dreckiger See. Wir versuchten deshalb, die Schlacht aufs Trockene an den Wald hinaufzuziehen. Ich war da auch sehr dafür, denn dort saß die Frida mit ein paar anderen Mädchen. Da der Feind andere Absichten zu haben schien, zog sich der Zusammenstoß lange hin. Wenn es nicht bald losging, mußte die Frida vielleicht nach Hause.

Durch ein geschicktes Manöver verstand es die Gegenseite schließlich, eine unserer Abteilungen vom Wald weg und den Äckern zuzulocken. Es gab überraschende Situationen und plötzlich standen sich die Fronten diesseits und jenseits des Wassers gegenüber. Die Mädchen waren ganz nahe hergekommen. Unser linker Flügel wollte dort, wo sie standen, ums Wasser herumschwenken. Da hörte man die Frida rufen: „Angsthasen, ihr seid ja wasserscheu!" Das fuhr in mich hinein wie ein Blitz. Meine Stunde war gekommen. Ich rief: „Los! Durchs Wasser!" Und ich stürmte mit Riesenschritten mit unerhörter Verbissenheit sozusagen als Mittelstürmer dem Feind entgegen, mit hoch gehobener Stange und schrie, was aus dem Hals herausging und so unheimlich ich es überhaupt fertig brachte. Von drüben hatten sich ein paar auch zögernd ins Wasser hineingewagt. Ich traf zwei der Vordersten so heftig auf die Schultern, daß sie ihre Stangen wegwarfen und wegliefen. Das löste eine Panik aus. Ich hatte das andere Ufer schon fast erreicht. Der See war gesäubert. Als ich noch einen schweren Schlag auf eine Stange tat, die einer nach sich zog, rutschte ich aus und fiel klatschend in die braune, tiefe Lache hinein. Als ich mich erhob, sah ich die Feinde fliehen, wütend verfolgt von den Unseren, unter Heiners wilder Führung. Sie waren, wie sich nachher herausstellte, durch mein stürmisches Draufgängertum angefeuert und mitgerissen worden. Mit verbissener Wut, tropfend von oben bis unten, holte ich unsere Linie schnell ein, überholte sie und führte bei der Verfolgung des Feindes noch manchen schweren, stangenerbeutenden Schlag.

Bei der Heimkehr vom Schlachtfeld wartete ich auf keinen Lorbeerkranz, aber doch wenigstens auf einen heimlichen, freundlichen Blick Fridas. Sie drehte sich aber nicht einmal nach mir um, als sie vor mir neben dem Rauhenecker herging, lachte und schätterte und schön mit dem tat. „Das war eine Gaude“, hörte ich sie sagen. „Ich hätt mich zu Tod lachen können, wie es den Krautstampfer hineingehauen hat. Ich glaube, der hat ein schönes Maul voll Dreck geschluckt.“

Daß diese Seeschlacht noch mancherlei Folgen hatte, kann sich ein jedes denken. Ich will bloß noch sagen, daß der Gaul dem Rauhenecker die Hand gegeben hat, vor ihrer Gartentür, obwohl Leute genug gelaufen sind. Das hat mich für längere Zeit mit ziemlicher Verbitterung gegen die Mädchen erfüllt, was aber meinem Verhältnis zur Mutter und zur Dote sehr zugute kam. Ich habe weiterhin gern in der Dachkammer geschlafen und auch jeden Abend wieder Gutnacht gesagt.

XIX.

VON DER KUNST

Wenn es einmal ins vierzehnte Lebensjahr hineingeht, überstürzen sich die Ereignisse, die äußeren und die inneren, und die Zeit verfliegt nur so. Man hat zu nichts mehr die rechte schöne Ruhe. Man muß nun über viel zu viel nachdenken: über die Menschen, über Gott und die Welt, über Ewigkeit und Unendlichkeit, über das Geld, über die Mädchen, über Kleider und Schuhe, über die Frisur und natürlich auch darüber, was man eigentlich werden möchte.

Was die Berufswahl anbetrifft, waren wir uns, der Heiner und ich, lange Zeit in dem einen Punkt einig, daß wir auf keinen Fall auf die Manufaktur wollten. Stoffe, mochten sie so schön sein, wie sie wollten, waren nichts für uns. Wir wollten zum Voith, zu den Turbinen und zu den Maschinen.

Nachdem der Heiner in der Gießerei die Feuer

hatte lodern, die rote Eisenglut in die Formen fließen und die starken Männer hantieren sehen, wollte er ein Gießer werden und nebenher nach Feierabend ein Athlet. Es war für uns von Anfang an klar, daß wir nach der Schule in allem beieinander bleiben wollten. Da tauchten nun aber ernste Schwierigkeiten auf, denn ich war zweifelsohne weder für das Eisengießen noch für das Ringen und Zentnerstemmen kräftig genug. Er sagte, er wolle mir schon Muskeln hintrainieren. Es war ihm eine bittere Enttäuschung, daß trotz all seiner Bemühungen auf dem Grasrasen beim Wald und trotz aller Härte, mit der er mit mir umging, nichts Rechtes aus mir werden wollte.

Da es mich ohnehin mehr in die Schlosserei und in die Montagehalle zog, wohin ihn mitzunehmen ich mich eine Zeitlang bemühte, entstanden mancherlei Spannungen. Die Schlosserarbeit war ihm einfach nicht kräftig oder sagen wir, nicht männlich genug. Es kam noch dazu, daß er seit Jahren mit Sorge beobachtet hatte, daß ich mich nicht mehr mit den Büchern begnügte, die mir die Mutter aus der Fabrikbibliothek mitbrachte, daß ich darüberhinaus auch noch in die Stadtbibliothek lief. Da sei es kein Wunder, wenn aus meinen Muskeln nichts Gescheites werde.

Für mich kam als eine weitere ernsthafte Schwierigkeit dazu, daß der Mutter das Schreinerhandwerk besser gefallen hätte als die schwarze dreckige Schlosserei.

Es treten ja nun oft im Leben plötzliche Ereignisse ein, durch die mit einem Mal alles ein neues Gesicht bekommt. Ein solches Ereignis war es, als wir eines Abends unseren Oberlehrer Widmann die Seestraße heraufkommen und in die Schülestraße einbiegen sahen. Der Widmann im China-Viertel! Das war etwas ganz Außergewöhnliches und Unerhörtes. Und als wir dann aus sicherer Deckung heraus beobachteten, wie er in unseren Hof hineinging, befürchteten wir das Schlimmste.

Wir besannen uns auf alles, was man uns in den letzten Wochen etwa hätte vorwerfen können. Es fiel uns nichts ein, was einen so weitgehenden Schritt dieses strengen, aber gerechten Mannes hätte verständlich machen können. Die halbe Stunde, bis die Mutter zum hinteren Fenster herunter gegen Heiners Hof hinüber nach mir rief, gehört zu den aufregendsten halben Stunden meines an aufregenden halben und ganzen Stunden nicht gerade armen Lebens.

Vielleicht war die darauf folgende halbe Stunde noch schlimmer, wenn auch auf eine ganz andere Art. Und als mir dann danach am Gartentor Herr Widmann die Hand gab, was der Heiner von dem Geäst eines Baumes an unserem Nachbarhaus aus beobachtete, wurde es erst recht aufregend. Er sprang mit einem hohen Satz vom Baum, rannte mit feuerrotem Kopf über die Straße herüber und fragte: „Mensch, was ist los?“ — „Der Widmann meint, ich solle ein Schullehrer werden.“ — „Was? Du? Der ist ja verrückt!“ So ähnlich war es mir auch zumut. Wir haben beide in der folgenden Nacht schlecht geschlafen. Aber nicht nur wir. Auch die Dote und die Mutter hat diese Schullehrersache um einen guten Schlaf gebracht.

Die Mutter meinte, da wäre ich gestellt. Ich bekäme da zwar einmal nicht viel, aber mein Gewisses. Und ich wäre beim Staat und auf Lebenszeit und fürs Alter sei da gesorgt; auch die Frau bekomme die Pension weiter, wenn ich einmal nicht mehr da sei, sogar die Kinder, wenn solche kämen. Wenn ich gescheit sei, gehe ich einmal aufs Land, wo der Lehrer von jeder Metzelsupp die besten Stücke bekomme und wo er kein Ei zu kaufen brauche. Auch von jeder Taufe und Hochzeit bekomme er das Seine. Das Orgelspielen bringe auch noch etwas ein. Ich könne mir Bienen eintun und den größten Garten, wenn ich wolle. Und ich brauche mich da lange nicht so zu plagen wie in der Fabrik oder wie die Handwerksleute. Ich wäre immer sauber angezogen und bekäme den ganzen Tag keine schwarze Hand. Oft genug sei am Nachmittag keine Schule. Und dann die langen Ferien! Und was nur das wert sei, daß ich da einmal mein freier Herr sei und den Meister nicht den ganzen Tag vor der Nase habe. Ja und dann nähmen die Mädchen aus den größten Bauernhöfen heraus, wo auch etwas da sei, gerne einen Schullehrer. Was man erheirate, brauche man schon nicht zu verdienen. Da solle ich nur einmal die Augen aufmachen. Ach, es wäre ein großes Glück! An so etwas hätte sie nicht im Traum gedacht. Und wo ich so leicht lerne und es so mit den Büchern hätte!

Bloß wie der Herr Widmann sich das denke für eine Witfrau, das wisse sie auch nicht. Denn es gab damals noch nichts umsonst. Und es wollte vieles bezahlt sein: die Eisenbahn, das Schulgeld und das Kostgeld, die Bücher und Hefte, die Geige und vieles andere. Nur gut, daß Vaters Reißzeug noch da war. Aber auch Kleider und Schuhe würden jetzt ins Geld laufen, denn barfuß und in einem Kittel mit eingesetzten Ellbogen könnte ich in dem Seminar nicht herumlaufen. Sechs Jahre seien eine lange Zeit.

Ach was, meinte die Dote, das werde schon gehen. Man müsse halt zusammenhalten. Die Schwestern seien ja auch noch da. An ihr solle es nicht fehlen, wenn ichs bloß durchhaue! Ich hätte es ja gehört, es meldeten sich aus dem ganzen Lande dreimal so viel zur Prüfung, als man brauchen könne. Und es könne sich da nicht ein jeder melden. Die Prüfung sei streng, und die Buben müßten ein ganzes Jahr lang darauf vorgeschult werden. Da heiße es schon lernen bis in die Nacht hinein.

Mich lockten weder die günstigen wirtschaftlichen Aussichten noch meine beachtlichen künftigen Heiratschancen, auch die zu erwartende Sicherheit meiner Existenz machte mir keinerlei Eindruck. Andererseits überlegte ich damals natürlich auch noch nicht, daß mit dieser Sicherheit nach unten auch die Gewißheit verbunden war, daß ich es nach oben hin über diese sichere Existenz hinaus zu nichts Weiterem würde bringen können, daß mir meiner Lebtag sozusagen die Flügel gestutzt blieben. Von den vielerlei sich nicht selten wandelnden Obrigkeiten, die ein Lehrer heutzutage hat, von den mannigfachen Einsprachen und Mitsprachen, denen er ausgesetzt ist, von Disziplinschwierigkeiten oder von den mancherlei gesellschaftlichen und politischen Sorgen, mit denen dieser ehrenwerte und so notwendige Berufsstand nunmehr zu tun hat, wußte man damals kaum etwas.

Mir war es auf alle Fälle zunächst mehr zum Heulen als zum Lachen. Nicht in die Schlosserei und in die Schmiede! Nicht in die Dreherei und in die Montage hinein! Und nicht nach Rußland, nach Indien oder nach Afrika! Keine russische Pelzkappe, keine Schlangenhaut, kein Tigerfell, keinen Schild und keinen Speer als Andenken! Und dazu ganz wo anders hin als der Heiner und von allen Kameraden fort. Die würden mich auslachen, wenn sie davon hörten.

Nein, das wollte ich alles nicht. Ich hatte auf unseren Oberlehrer Widmann eine Riesenwut.

Ich sei ein dummer Kerl, sagte die Mutter, und ich verstünde vom Leben noch nichts. Anstatt daß ich dankbar wäre und daran dächte, was das auch für sie für ein Glück wäre.

Die Dote hat mir in dieser Nacht die Schönheiten eines Lehrerlebens mit ihrer köstlichen Phantasie in den bezauberndsten Farben ausgemalt. Ich habe später oft daran gedacht. Sie hat in manchem recht gehabt, wenn sie auch das Schönste eigentlich nicht hat wissen können.

Es ist dann schließlich, wie es so oft im Leben geht, gerade das gekommen, was ich nicht gewollt habe.

Es ist aufs Ende gesehen alles recht geworden, und ich weiß nicht, ob es anders besser geworden wäre.

Aber die Mutter hat sich mit dem Glück für sie selber doch ziemlich verrechnet.

Daß es nach einem harten Lernjahr bei der Prüfung gut ging, machte sie sehr froh und die anerkennenden Worte der Nachbarn und der Arbeiter in der Fabrik und deren Freude darüber, daß einer aus dem China ein Lehrer werden solle, erfüllten sie mit Stolz.

Was alles fürs Seminar mitzubringen war, war bald zusammengerichtet. Um meine Ausstaffierung war die Melchingers-Marie sehr besorgt. Sie nähte mir aus einem großen schweren Rock der Großmutter mit weiten Falten einen festen, soliden Kittel, den ich vielleicht heute noch hätte, wenn ich nicht daraus hinausgewachsen und wenn er nicht zu sehr aus der Mode gekommen wäre. Sie löste sogar das schwierige Problem mit den Nachthemden, von denen vier mitzubringen waren, auf eine einfache Weise. Als die Mutter nämlich erfahren hatte, daß solche Nachthemden einfach lange Hemden mit einem Kragen und mit einer Tasche auf der linken Brustseite seien, legte sie der Marie vier der festen leinenen Hemden des Vaters hin, die sie seit Jahren immer wieder einmal mitgewaschen und gebügelt hatte. Die Marie setzte hübsche Krägelchen und eine Tasche aus einem rotbetupften dünnen Stoff darauf und verkürzte die beiden weiten langen Ärmel mit breiten Falten. Da sie mir in der Länge bis auf die Knöchel reichten, hat mir eines dieser Hemden bei einem nächtlichen Spuk und Geisterstreich in den alten Kreuzgängen unseres Klosterseminars einmal gute Dienste getan.

So elegant wie die heutigen Nachthemden, soweit es solche überhaupt noch gibt, waren sie natürlich nicht. Aber im Bett brauche man ja sowieso niemand zu gefallen, meinte die Dote, womit sie bewies, daß ihr auf dem Gebiet jegliche Erfahrung fehlte.

Mutters Glück und Stolz erlebten schon in den

ersten Ferien, in denen ich nach Hause kam, einen schweren Stoß.

Schon daß ich das Klavierspielen sehr lobte, gefiel ihr nicht. Sie hatte heimlich gehofft, daß es mir nicht gefallen würde. Das Geklimper diente ihrer Meinung nach nur der Weltlust und Vergnügungssucht. Nur mit dem Hinweis darauf, daß man das Klavierspiel schon wegen des Orgelspielens lernen müsse, das später dran komme, konnte ich sie einigermaßen beruhigen.

Wir hatten nun damals einen jungen Lehrer, der uns in ernsten Bemühungen mit dem Reichtum der bildenden Kunst vertraut zu machen versuchte. Es ging uns durch ihn eine wunderbare Welt voller Schönheit, Heiterkeit und Erhabenheit auf. Wir sammelten Kunstblätter und Kunstmappen, wir besorgten uns Wechselrahmen, um möglichst jeden Tag ein anderes, erhebendes und beglückendes Kunstwerk an die Wand hängen zu können. Wir diskutierten gern und lang über Kunst und Kitsch, über Ausdruck und Eindruck, über Bleibendes und Vergängliches. Die Geschmäcker gingen natürlich etwas auseinander. Im allgemeinen gefielen uns aber die Bilder der Romantiker am besten. Mir hatten es Ludwig Richter, Moritz von Schwind und Karl Spitzweg besonders angetan. Mein Lieblingsbild war Schwinds Morgenstunde.

Jedermann kennt das Bild. Ein junges, etwas

breithüftiges Mädchen ist von hinten zu sehen, wie sie barfuß und mit bloßen Armen noch im Unterkleid eben das vorhanglose Fenster in einer tiefen Fensternische geöffnet hat und auf eine schöne Berglandschaft und auf leichte weiße Wölkchen am Himmel hinausschaut. Ein zweites ebenfalls vorhangfreies Fenster ist von außen durch einen grünen Fensterladen geschlossen, durch den an einer Stelle aber etwas Licht auf die mattgrüne Wand und auf den etwas dunkleren Bretterfußboden fällt. An diesem Fenster steht ein Nähtischchen mit einem grün gepolsterten Stuhl davor. An die Wand zwischen den beiden Fenstern paßt eine grüne Kommode mit drei ausgebauchten Schubladen genau hin. Auf der Kommode stehen eine Uhr unter einem Glassturz, zwei Kerzenleuchter, zwei Porzellankännchen und ein paar kleinere Dinge, vielleicht Tassen oder Schälchen, das sieht man nicht so genau, denn es ist alles nicht in kleinlicher Manier bis ins kleinste ausgemalt, sondern nur stimmungshaft angedeutet. Auch die Schubladenknöpfe der Kommode und die sechs Griffbeschläge sind mit ein paar hellen goldenen Farbstrichen oder Tupfen nur leicht auf den dunkleren Grund hingehaucht.

Ich schätzte diese Malart sehr, denn auch mir lag im Zeichnen das Genaue nicht so. Als mich unser Zeichenlehrer einmal auf diese Ungenauigkeit ansprach, sagte ich, so entspräche es meinem künstlerischen Empfinden. Er aber nannte das eine oberflächliche Schlamperei, was mich empörte und was mich meinen Kameraden gegenüber zu abfälligen Bemerkungen gegen ihn hinriß. Heute denke ich manchmal, es sei mir damals einfach um die viele Arbeit gewesen und vielleicht hätte ich vieles so, wie es in Wirklichkeit war, gar nicht hingebracht.

Über der Kommode hängt ein goldgerahmter viereckiger Spiegel schräg an der Wand. In der rechten Ecke geben grüne, von einem Rahmen fast von der Decke bis auf den Boden herunterfallende ungleichmäßig zurückgezogene Vorhänge den Blick frei auf das hohe Bett, aus dem über die Lehne eines Stuhls ein faltiges Bett-Tuch fällt. Auf dem Stuhl liegt ein zusammengefaltetes braunes Kleid, auf dem Boden liegen ebenso lässig hingeworfen zwei kleine Pantöffelchen, die aber auch nur durch ein paar dunkle Farbflecke angedeutet sind.

Das Schönste an dem Bild, heißt es, sei das Lichterspiel an der Wand, auf dem Boden und auf dem Bett; während die Kissen noch im tiefen grünlichen Schatten liegen, leuchten ein Teil des Leintuchs und das Tuch über dem Stuhl weiß heraus.

Mir war, das will ich ganz offen sagen, das Bild wegen des eben aufgestandenen Mädchens besonders lieb, wenn dieses auch nur von hinten zu sehen war. Denn so mußte, von hinten, barfuß und im Unterrock am Morgen am Fenster stehend, wie ich sie natürlich noch nie gesehen hatte, die Schuhmachers Gretel aussehen, die mir unlängst eine Karte geschrieben hatte, auf der eine Abendstimmung an einem See mit hohen Kiefern zu sehen war. Deshalb liebte ich damals auch Bilder mit Seen, Sonnenuntergängen und Kiefern sehr, obwohl ich noch nie einen Kiefernbaum gesehen hatte. Aber auf der Karte stand als Anrede „Lieber Karl“ und als Unterschrift „Deine Gretel“. Dazwischen standen viele Grüße von einem Ausflug. Ich trug diese Karte in einem dünnen Notizbuch in meiner inneren linken Kitteltasche immer bei mir.

Das Schwind-Bild hatte ich in meine ersten Ferien mitgenommen und dazu in einem zweiten Wechselrahmen das altbekannte Bild des armen Poeten von Spitzweg. Wer es nicht kennt: Da liegt also in einer armseligen Dachkammer mit schrägem Bretter- und Balkendach einer mit hoch angezogenen Knien, jedenfalls auf einem Strohsack, auf dem Boden, das heißt, er sitzt mehr als er liegt, denn der Kopfteil seines elenden Lagers ist mit Kissen hochgestellt. Der Mann hat eine weiße Zipfelmütze im Stil der Biedermeierzeit auf dem Kopf und trägt eine Art Schlafrock mit einem Loch im Ärmel. Über Knie und Bauch ist eine alte Wolldecke gelegt, in der linken Hand hält er gegen die Knie ein paar Blätter Papier, mit den Fingern der erhobenen Rechten macht er eine Bewegung, als ob er etwas zähle. Im Mund hält er, quergestellt, einen Federhalter. Neben ihm auf dem Boden liegen und stehen dicke Bücher. Auf einer Pappschachtel steht neben einem Buch ein offenes Tintenfaß. Über ihm an der schrägen Decke hängt mit Stock und Gestänge nach unten ein verflickter Schirm, jedenfalls, weil das Dach den Regen durchläßt. Es steht dann in der engen Kammer noch ein Ofen. Am Ofenrohr hängt ein hoher Zylinderhut, an der Wand an einem Nagel ein Kittel oder Mantel, das ist nicht genau zu sehen, auf dem Boden vor dem Ofen liegt ein Stiefel neben einem Stiefelknecht und ein Bündel Zeitungen. Auf dem Ofen steht eine kleine Waschschüssel und daneben ein Arzneikolben mit Wasser darin. An einer von der Wand zur Decke gezogenen Schnur hängt ein geflicktes Handtuch. Der Mann zählt tatsächlich etwas. Er zählt die Silben der Verse, die er eben macht. Wir hatten in der Literaturstunde auch gehört, daß zu einem Gedicht neben dem Reim am Ende der Zeilen vor allem auch der richtige Rhythmus gehöre. Und daraufhin waren mir schon ein paar Verse geglückt, in denen der Reim und der Rhythmus stimmte. Wie es mit dem Inhalt bestellt war, weiß ich heute nicht mehr. Auf alle Fälle wollte ich noch viele solcher Verse machen, in ein Büchlein schreiben und dieses wollte ich der Gretel bei passender Gelegenheit einmal verehren.

Das Bild selber fand ich lustig und schrullig, besonders gefallen hat es mir eigentlich auch nicht. Ich hätte mir einen Poeten schon anders vorgestellt, aber es war wenigstens einer, und ich hatte gerade kein anderes Bild, das im Format so geschickt in meinen zweiten Wechselrahmen gepaßt hätte.

Nun hingen daheim über dem alten Ledersofa zwei Bilder, die meinem Vater besonders gefallen hatten, denn er war ein Jäger. Auf dem einen war, halbverdeckt, ein Jäger hinter einem starken Baum zu sehen, das Gewehr gegen einen Wilderer im Anschlag, der auf dem andern Bild hinter einem anderen Baum stand, auch halbverdeckt. Was aber von den beiden Männern zu sehen war, war bis ins Detail genau zu erkennen: Die angespannten Gesichter, die Hüte, die Jacken, an denen man nicht nur die Knöpfe deutlich sah, es waren sogar die vier Löcher in diesen Knöpfen zu sehen. Dann die Hosen, die bei dem Jäger in hohen, glänzenden Stiefeln steckten, bei dem andern dagegen verrunzelt und schlampig über grobe, geflickte Schuhe fielen. Auf dem Boden war jedes Gräslein zu sehen und eine Menge Blumen, an einem Grashalm hing ein Marienkäferchen, auf einer Blume saß ein Schmetterling. An den Bäumen hätte man alle Blättchen zählen können. Es waren Öldrucke, wie man sie damals hatte und sie glänzten fettig, als wären sie wirklich mit Öl gemalt.

Nach allem, was ich nun über Kunst gehört hatte, waren mir diese beiden Bilder Dornen im Auge. Sie gingen ganz gegen mein Kunstgefühl, und ich nahm sie an einem Nachmittag, als die Mutter und die Dote im Geschäft waren, vorsichtig von der Wand und hängte an ihrer Stelle meinen Schwind und meinen Spitzweg auf. Ich betrachtete die neuen Bilder aus der Nähe und aus der Ferne. Ich zog die Vorhänge zurück, daß Licht darauf fiel. Ich war sehr zufrieden und es war mir, als hätte die ganze Stube nun ein anderes Gesicht bekommen.

Als die Mutter heimkam, fiel ihr erster Blick auf die Bilder über dem Sofa. „Wo sind deinem Vater seine Bilder?" fragte sie, bevor sie ihren schönen Schurz heruntertat und den Hausschurz anzog.

„Ja weißt", sagte ich, „wir haben jetzt im Seminar auch Kunstunterricht. Weißt, die Ölbilder sind ja ganz nett, aber Kunst sind sie eigentlich keine. Mit der Kunst ist das so . . . " Ja wie war das nun mit der Kunst? Ich gäbe etwas darum, wenn ich noch wüßte, was ich damals meiner Mutter noch alles über die Kunst gesagt habe, wo ich mir heute noch nicht zutrauen würde, jemand klar zu machen, wie das mit der Kunst eigentlich ist. Aber man ist in jungen Jahren erstaunlich mutig.

Ich sehe die Mutter heute noch dastehen, beide Hände auf den Tisch gestützt, den Oberkörper weit vorgebeugt, daß sie die neuen Bilder so genau wie möglich sehen konnte. Und ich höre sie heute noch sagen: „So, das ist dann eine Kunst, dieses schlampige faule Frauenzimmer, die liegen geblieben ist, bis ihr die Sonne ins Bett hineingeschienen hat, die noch nicht einmal angezogen ist, die ihr Bett ruhig liegen läßt und im Unterrock spazieren schaut, die ihre Pantoffeln bloß so unter den Stuhl und ihr Kleid bloß so darauf geworfen hat. So, das ist dann die Kunst. Und nicht einmal Vorhänge an den Fenstern. Du wirst doch einmal nicht so eine daherbringen! Dazu bräuchtest du dann nicht so viel zu lernen. Ja und ums Himmelswillen, was ist denn da drauf?" Ich sagte, daß dies der arme Poet sei, ein berühmtes Bild von Karl Spitzweg. „So, ein Poet soll das sein? Weißt was das ist? Ein Faulenzer ist das. Liegt am hellichten Tag herum, hat nicht einmal ein Bett wie ein anständiger Mensch, muß in der Stube seinen lumpeten Schirm aufspannen, daß es nicht hereinregnet. Weißt, was man dem müßte? Dem müßte man seine Schlafhaube vom Kopf ziehen und müßte sie ihm um die Ohren hauen, bis ihm das Herumliegen und Dichten und Hereinregnenlassen verginge. Jeder ordentliche Mann schaut doch nach seinem Dach, wenn es hereintropft. Und wo hängt denn ein normaler Mensch seinen Zylinderhut ans Ofenrohr und seinen Mantel einfach an einen rostigen Nagel in der Wand? Und wer läßt denn Bücher auf dem Boden herumfahren? Ein rechter Mann bliebe überhaupt keine Stunde in so einem Loch. Und so etwas, sagst du, sei Kunst, und so etwas hängst du an die Wand? Du tust mir doch auf dem schnellsten Weg deinem Vater seine Bilder wieder her und tust deine Holgen hin, woher du sie gebracht hast! Guck nur einmal die zwei Männer auf unseren Bildern an, daß du siehst, wie rechte Männer aussehen. Bub, Bub, was lernet ihr aber auch für dummes Zeug in eurem Seminar. Da wäre es schon gescheiter gewesen, du wärest ein Schlosser geworden! Da wärest du von manchem verschont geblieben."

Damit hat die Mutter bis zu einem gewissen Grad recht gehabt.

Ich habe die alten Bilder wieder an ihren Platz gehängt. Seither bin ich nicht nur in kunsterzieherischer Hinsicht mit Umschulungs- oder Bildungsversuchen vorsichtig.

Als ich vierzig Jahre später einmal von einer Reise nach Hause kam, hing anstelle von Schwinds Morgenstunde ein anderes Bild an meiner Wand, von dem sich schlecht sagen läßt, was es darstellte. Man soll danach, wie man heute oft sagen hört, auch gar nicht fragen. Als ich nach meiner „Morgenstunde" fragte, sagte einer meiner Söhne sehr freundlich: „Ja weißt du, Vater, wir haben uns in der letzten Zeit viel mit Kunstproblemen beschäftigt. Dein Bild ist ja ganz nett, aber weißt du, mit Kunst hat es doch eigentlich nicht viel zu tun. Mit der Kunst ist das so, daß es doch in erster Linie auf den Ausdruck des Eindrucks ankommt, den ein Künstler von einer

Sache hat. Man könnte auch sagen, auf die Expression seiner Impressionen. Diese vielen peinlich und kleinlich dargestellten Details, Leuchter, Tassen, Schubladen und Beschläge, Pantoffeln und dergleichen, sind doch so unwesentlich."

Von allem, was er sonst noch sagte, habe ich kaum etwas verstanden. Ich muß gestehen, daß ich nicht mehr aufgepaßt habe. Ich sah mich nämlich plötzlich in unserer Stube daheim neben meiner Mutter stehen und mit ausgestrecktem Arm genau so auf ein Bild hinweisen wie er.

So ist das also mit der Kunst, dachte ich.

Die Söhne möchten wohl immer andere Bilder an die Wand hängen. Bloß: Sie sollten sie an ihre eigenen Wände hängen.

XX.

MEIN ERSTES BUCH

Es war für uns Fabriklersbuben damals selbstverständlich, daß wir nach der Schule nicht herumlungerten. Es gab genug zu tun. Bis die Mutter heimkam, mußten die Einkäufe gemacht, die Schuhe vom Schuhmacher geholt, das Feuer in den Herd und in den Waschkessel gerichtet sein. Im Sommer gingen wir zum Ährenlesen und in die Beeren. Wir holten Holz und Tannenzapfen für das ganze Jahr aus dem Wald. Ich kann mir nicht denken, daß wir jemals Holz oder Kohlen gekauft hätten. Und dann war da ja das Gärtle beim Haus und der Kartoffelacker am Waldrand. Und für Garten und Äckerle gingen wir in die „Roßbollen". Oh, wir kannten die Straßen genau, in denen es etwas gab, und wir hätten dem Heidenheimer Tiefbauamt, wenn es damals ein solches schon gegeben hätte, genauen Aufschluß geben können über das Ausmaß des Verkehrs mit Pferdefuhrwerken in den einzelnen Straßen. Wir fuhren mehr zusammen als wir zum eigenen Bedarf brauchten, und so verkauften wir oft genug noch etwas von unserem Überfluß, das Kärrele voll, gut gestampft, für zehn Pfennig.

An einem Abend war nun die Mutter nicht mit mir zufrieden. Es mochte auch sein, daß sie im Geschäft Verdruß gehabt hatte. Sie sagte in einem harten Ton, den ich nicht von ihr gewohnt war: „Hasch denn du heut gar nix gschafft? Bua, du wirst mr doch koi Tagdieb werda." Faulheit, sagte sie oftmals, sei ein Laster und eine Schande und schier eine Sünde. So ist es begreiflich, daß mich ihr Tadel sehr kränkte. Und vor dem Einschlafen beschloß ich an diesem Abend, fortan Buch über meine Arbeit zu führen.

Ich mochte neun oder zehn Jahre alt gewesen sein. Ich machte mir aus zusammengefalteten Heftblättern, grobem Packpapier und dickem Nähfaden ein kleines Notizbüchlein. Einfach eines im Laden zu kaufen, wäre mir nicht in den Sinn gekommen, denn der Luxus fing nach unserer damaligen Ansicht arg weit unten an. Auf den Umschlag schrieb ich mit großen Buchstaben: „Arbeitsbuch von Karl Götz." Und in dieses Buch trug ich nun all die Gänge und Besorgungen und all die kleinen Arbeiten ein, die nach der Schule auf mich warteten. Das Büchlein schob ich jedesmal zwischen Bibel und Gesangbuch, die auf einem Eckbrettchen neben den dicken Gebetbüchern der alten schwäbischen Kirchenväter standen. Dort mußte es der Mutter am sichersten in die Hand fallen.

Ich vernachlässigte freilich meine Buchführung bald und irgendwann einmal wurde mir diese geistige Arbeit, die ich mir da zu der körperlichen hin aufgeladen hatte, einfach zu dumm. Ich stellte sie wieder ein und vergaß mein Arbeitsbuch.

Es kam die Zeit, in der immer mehr Wolken und Wölkchen am lichten, hohen Himmel über dem Paradies der Kindheit aufsteigen. Es kam die Zeit, in der ich Abschied nehmen mußte von unserem Schmittenberg, von unserem Aussichtsturm und vom Schloß, von unseren Wetterbuchen, von unserem Wald und von all unseren Fabriken, vom Heiner und von allen, Abschied vom goldenen Morgen meines Lebens.

Es gingen die Jahre und Jahrzehnte ins Land. Die Mutter war schon lange tot, aber die liebe Dote lebte noch.

Die Dote! Ich habe nie mehr einen selbstloseren Menschen kennen gelernt, auch keinen zufriedeneren und glücklicheren. Als sie ihren Eltern ausgewartet hatte, stand sie meiner Mutter bei und nachher mir und der Schwester und vielen wildfremden Menschen. Sie hat nicht immer Dank geerntet. Als ich ihr dies aber einmal als Mahnung vorgehalten habe, hat sie nur mit der Hand abgewunken und gesagt: „Bua, wenn mr aufs Dankschö wartet, ist ’s Herz net sauber.“

Ich weiß nicht, wieviel Strümpfe und Hösle sie gestrickt hat in ihrem Leben. Als ich es später habe machen können, habe ich ihr manchmal etwas zugeschoben, bis ich gemerkt habe, daß sie alles wieder weiterverschenkt hat. Da habe ich ihr einmal eine schöne warme Weste gebracht, wie sie selber keine hätte stricken können, es wäre ihr auch nie eingefallen, sich selber eine Weste zu stricken. „Ein Prachtsstück“, hat sie gemeint und hat sich sehr gefreut. Als ich dann nach einiger Zeit einmal fragte, warum sie denn ihre Weste nicht anziehe, sagte sie, daß es doch noch nicht so kalt sei. Und als ich weitermachte: das Westle gefalle ihr aber doch, lenkte sie ab, indem sie sagte, wir müßten nun aber machen, wenn wir die Stadttante noch besuchen wollten. Ums Numgucken sei es wieder Zeit für mich auf den Zug. Ich gab aber nicht nach, und da stellte sich heraus, daß sie das schöne Westle aufgezogen und für die Kinder einer Nachbarfrau Strümpfe daraus gestrickt hatte. Sie merkte, daß ich darüber verärgert war, und so sagte sie: „Bua, die Kender hent Strümpf nötiger ghet wie i a West. Wenn mr sich regt, wird’s oim au ohne Westle warm. Komm, jetzt müßet mr aber ganga.“

Sie ist ins Geschäft gegangen von ihrem vierzehnten bis zu ihrem siebenundsechzigsten Jahr. So lange hat sie auch in die Krankenkasse hineingezahlt. Sie ist aber keinen Tag krank gewesen. Als ich einmal sagte, es tue ihr aber doch sicher auch manchmal etwas weh, warum sie sich denn nicht auch ein bißchen schone und wie die andern Leute krank schreiben oder sich eine Kur verordnen lasse, sah sie mich verständnislos an, schüttelte den Kopf und sagte, so etwas wäre eine Sünde und eine Schande. Sie müsse doch dankbar sein, daß sie so gesund sei. Schon, sagte ich, aber wo sie doch so viel Geld in die Kasse gezahlt habe. Hineingezahlt habe sie keinen Pfennig, man habe ihrs halt am Lohn abgezogen und so habe sie nicht einmal Umstände damit gehabt. Und von dem Geld reue sie kein Pfennig. Denn das sei ja das Geld, mit dem man den kranken Leuten helfen könne. Schon, aber sie habe doch auch fast keinen Zahn mehr. Da hätte doch die Kasse etwas tun können. Ach was, Zähne, sagte sie und lachte. Das sei halt so, daß einem die langsam herausgingen, wenn man alt werde. Sie täten einem dann schon nicht mehr weh. Die Menschen sollten nur dem Herrgott nicht so viel ins Handwerk pfuschen. Das, was sie zu essen brauche, könne sie noch gut beißen. Aus Nüssen habe sie sich sowieso nie viel gemacht.

Als schon ein paar meiner Bücher erschienen und gern von den Leuten gelesen worden waren, kam sie einmal zu meinem Geburtstag und drückte mir ein kleines, dünnes Päckchen in die Hand, das fast in einen Briefumschlag gegangen wäre. „'s isch nix

Nobels“, sagte sie, „aber vielleicht freut ’s de doch. Es ist dei ersts Buch, des d’gschrieba hast.“

Aus dem Papier kam ein Heftchen, in graues Packpapier gebunden, so groß wie ein Notizbuch. Und auf dem Umschlag stand „Arbeitsbuch von Karl Götz“. Die Dote hatte es aufgehoben und in ihrem Schrank zwischen die schön gefalteten schwarzen Sonntagsschürzen gelegt.

Ich schlug es auf und las den ersten Eintrag: „Heute drei Kärrala Roßbollen geholt“. Dieser Eintrag ist nachweisbar meine erste literarische Betätigung gewesen. Und so braucht es niemand zu wundern, wenn ich den nüchternen und einfachen Dingen dieser Welt in meinen Büchern verhaftet geblieben bin bis auf den heutigen Tag.

Bücher von Karl Götz

„Das Kinderschiff", ein Buch von der weiten Welt, von Kindern und von Deutschland. 146. Tausend. Hohenstaufenverlag Bodman am Bodensee.

„Brüder über dem Meer", Schicksale und Begegnungen. 100. Tsd. Neuauflage in Vorbereitung. Hohenstaufenverlag.

„Wenn die Hoffnung nicht wär", Roman. 15. Tausend. Hohenstaufenverlag.

„Die große Heimkehr", Erzählung. 80. Tausend. Vergriffen.

„Die Heimstätter", Erzählung. Reclam. Vergriffen.

Über Karl Götz:

Dr. Adolf Spemann, *„Menschen und Werke"*, Erinnerungen eines Verlegers. Winkler-Verlag München.

Über den in Neuauflage erschienenen Roman *„Wenn die Hoffnung nicht wär":*

„Sydsvenska Dagbladed", Malmö: „Götz schreibt mit epischer Kraft und sprachlicher Meisterschaft eine Familiengeschichte, die Gültigkeit besitzt für Millionen Menschen auf der ganzen Welt ... ein Buch, das sich einen Platz in der deutschen Literatur geschaffen hat."

„Der Bund", Bern: „Ein aufwühlendes Buch von so anständiger Gesinnung, von so hoher Warte blickend und doch so bis ins Kleinste hinein durchlebt, daß man den Wunsch hat, es möge recht viele Leser finden."

Bundestagspräsident D. Dr. Eugen Gerstenmaier: „Ich finde diesen Bericht von Karl Götz so ausgezeichnet, daß ich ihm im Inland wie im Ausland nur eine denkbar große Verbreitung wünschen kann. Ich habe wenig gelesen, was so wirklichkeitsgetreu und gleichzeitig so reif noch einmal vielen vor Augen stellt, was geschehen ist und eben gerade nicht vergessen werden darf."

INHALTSVERZEICHNIS